Vous ne connaissez rien à la guerre

YEVA SKALIETSKA

Vous ne connaissez rien à la guerre

Ukraine : le journal de Yeva, 12 ans

Traduit de l'anglais (Grande-Bretagne)
par Anath Riveline

Michel Lafon

Ce livre est basé sur des faits réels tels que l'auteure s'en souvient. Cependant, certains noms et caractéristiques d'identification, y compris ceux de tous les mineurs et des personnes encore basées en Ukraine, ont été modifiés pour préserver leur vie privée.

Titre original :
You Don't Know What War Is

Traduction du russe vers l'anglais par Cindy Joseph-Pearson 2022

Publication en accord avec Vicki Satlow de The Agency srl.

118, avenue Achille-Peretti – CS 70024
92521 Neuilly-sur-Seine Cedex
www.michel-lafon.com

À mamie

Note générale sur le journal de Yeva

Yeva parle russe et ukrainien comme la plupart des Ukrainiens qui vivent près de la frontière avec la Russie. Elle écrit principalement en russe. Les entrées de son journal alternent le passé et le présent : parfois elle revient sur ce qui s'est produit le jour même, parfois elle raconte directement ce qu'elle vit. Tous les événements apparaissent tels que Yeva s'en souvient.

KHARKIV
19
15
ЗООПАРК
10
16
20
7
22
13
21
14
9
5
KYIV
6
3
DNIPRO
11

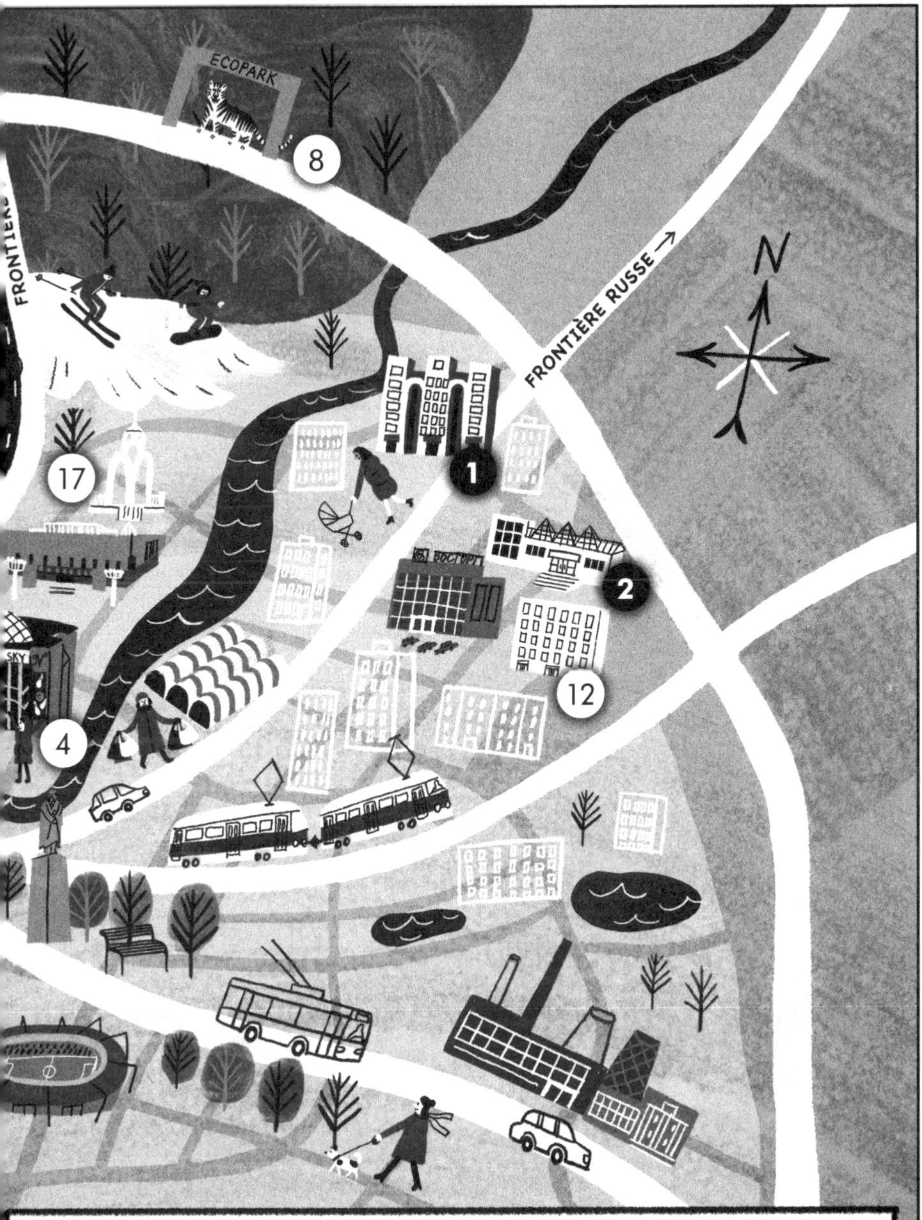

Légende

1. Appartement de Yeva
2. École de Yeva
3. Maison d'Inna
4. Centre commercial Nikolsky
5. Cathédrale de l'Annonciation
6. Gare routière
7. Derzhprom
8. Feldman Ecopark
9. Place de la Liberté
10. Parc Gorki
11. Aéroport
12. Hôpital pour enfants
13. Gare ferroviaire
14. Université
15. Zoo
16. Fontaine aux singes
17. Théâtre académique national de l'Opéra et du Ballet
18. Station de métro Prospekt Haharina
19. Périphérique
20. Jardin Shevchenko
21. Monastère Svyato-Pokrovski
22. Palais des mariages

Prologue

Tout le monde connaît le mot « guerre », mais très peu de gens comprennent ce qu'il signifie réellement. Horrible, effrayant, c'est ce qui vient en tête en premier, mais personne n'imagine la terreur incommensurable que la guerre provoque. Et quand, brusquement, on doit l'affronter, on est complètement perdu, muré entre la peur et le désespoir. La destruction efface toute perspective, interrompt tout projet d'avenir. Si on n'y a pas été confronté directement, on n'a aucun moyen de comprendre ce qu'est vraiment la guerre.

AVANT

14 février 2022

« Dernière tentative des leaders occidentaux pour éviter l'invasion de l'Ukraine »

The Times

« Le conseiller de Biden à la Sécurité nationale annonce que la Russie pourrait envahir l'Ukraine "d'un jour à l'autre" »

CNN

« Le Président déclare que le 16 février sera la journée de l'unité pour l'Ukraine »

Kyiv Post

« Le compte à rebours est lancé »

The Daily Mirror

Mon anniversaire • Ma vie

Le matin du 14 février, je me suis levée de bonne heure. C'est mon anniversaire ! J'ai douze ans. Je suis presque une adolescente ! Une surprise m'attend : des ballons décorent ma chambre ! Cinq gros ballons. Un argenté, un rose, un doré et deux turquoise. Et ce n'est que le début ! Je suis surexcitée en pensant à tout ce qui m'attend encore.

Je suis inondée de messages d'amis qui me souhaitent mon anniversaire. Sept, avant même que je sorte de chez moi. Je suis impatiente d'arriver à l'école et d'arpenter les couloirs où tout le monde m'arrêtera pour me féliciter. Je souris toute la journée, au point que le soir, j'ai mal aux joues. J'ai prévu de fêter ça samedi, au bowling du centre commercial Nikolsky. J'ai distribué les invitations, à la grande joie de tous mes copains.

Le grand jour est enfin arrivé ! J'ai douze ans ! Me voilà entourée de cadeaux pendant ma fête au bowling. J'ai trop de chance !

Après les cours, je rentre chez moi. J'habite avec ma grand-mère Iryna, mais quand ma mère vient me voir de Turquie, je vais avec elle chez mes autres grands-parents, mamie Zyna et papi Yosip. Maman est venue pour mon anniversaire, papa travaille à l'étranger et n'a pas pu se libérer cette fois. Mamie Iryna, ma tante, mon oncle et mon petit cousin ont été invités pour le goûter. Je joue au piano « La Lettre à Élise » de Beethoven et une valse de Tchaïkovski. Tout le monde m'écoute en silence. C'est tellement paisible. On profite ensuite du petit buffet et surtout du délicieux gâteau surmonté de douze bougies !

19 février

Le grand jour arrive enfin, le jour du bowling ! J'adore ça. Sentir le poids de la boule dans ma main, faire tomber les quilles. S'éclater. La plupart de mes amis me donnent de l'argent en guise de cadeau, mais l'un d'eux se surpasse : il m'offre un magnifique bouquet de fleurs et une élégante petite chaîne en argent qui vient d'Italie avec un pendentif. Je suis aux anges. Je le remercie de tout mon cœur. J'espère qu'il voit que je suis sincère.

On commence la partie. Je tire en premier et je réussis un joli coup grâce à ma petite expérience. Je suis à fond, et j'attends mon prochain tour avec impatience. Olha fait aussi un bon score. Kostya lance la boule à la vitesse de l'éclair, mais sans se préoccuper de viser. Complètement raté ! Taras a un jeu étonnant. Il pense qu'en piquant un sprint avant de lancer, il a plus de chances de faire un strike. Et ça marche ! Je remporte une des deux parties, mais même si j'ai l'esprit de compétition, ce qui compte c'est qu'on se soit bien amusés, tous ensemble. Peu importe le vainqueur.

20 février

Le lendemain, maman repart en Turquie. Mes parents se sont séparés quand j'avais deux ans, et depuis, je vis avec ma grand-mère Iryna. On est heureuses toutes les deux. Rien qu'elle et moi.

Je suis bien occupée. Deux fois par semaine, j'ai un cours d'anglais. J'adore cette langue. Tous les dimanches, je vais au centre-ville pour ma leçon de piano. Je longe les vieilles maisons aux grandes fenêtres et le Palais des mariages, construit en 1913, mais ce que je préfère, ce sont tous les magasins.

Kharkiv[1] compte un grand nombre d'endroits magnifiques, comme le centre-ville, le jardin Shevchenko, le zoo et le parc Gorki. Le jardin Shevchenko est particulièrement beau, avec son

---

1. Kharkiv ou Kharkov, où Yeva vit, est la deuxième plus grande ville d'Ukraine. Elle se situe dans le nord-est du pays. Sa population s'élevait à un million et demi d'habitants en 2021. C'est un des centres culturels et industriels les plus importants d'Ukraine. *(Toutes les notes sont de l'éditeur.)*

étonnante fontaine musicale où des singes jouent de différents instruments. À côté, il y a aussi un delphinarium vraiment sympa où on peut voir des dauphins et des bélugas. Une rue pavée conduit jusqu'au Derzhprom, un ensemble de gratte-ciel sur la place de la Liberté[2]. Et dès que mamie et moi, on veut se changer les idées dans un endroit calme, on se rend au monastère Svyato-Pokrovski.

Je suis heureuse à l'école. J'adore apprendre et m'amuser avec mes amis, et je m'efforce d'être toujours à l'heure. J'aime bien les pauses entre les cours, surtout les plus longues, parce que c'est là qu'on court dans toute l'école avec Evhen et Olha, comme si on était des petits missiles[3]. Mes matières préférées sont la géographie, les maths, l'anglais et l'allemand. À la fin de la journée, on rentre à la maison tous ensemble.

Chez mamie Iryna, le salon est super confortable avec ses fauteuils douillets. Je fais mes devoirs sur un adorable petit bureau, et mon chevalet, avec mes peintures à l'huile, trône en plein milieu de la pièce. Lorsque je suis inspirée, je m'assois et je peins. Dans

2. La place de la Liberté est la plus grande place d'Ukraine. Il s'y organise d'importants concerts et manifestations en tous genres. Situé sur la place de la Liberté, le Derzhprom est un ensemble de bâtiments d'architecture constructiviste. Construit en 1928, c'est le premier gratte-ciel soviétique.

3. La terminologie militaire s'est infiltrée dans le langage des Ukrainiens et les enfants l'utilisent parfois dans leurs jeux. Cela remonte certainement à l'Union soviétique, quand les avancées en matière de technologie militaire étaient célébrées.

ma chambre, ma peluche préférée m'attend toujours sagement sur mon lit. Je l'ai appelée Chupapelya, ce qui ne veut strictement rien dire. C'est une chatte rose et longue comme une saucisse, avec un petit bidon tout blanc.

Les fenêtres du salon donnent sur la ville. Celles de ma chambre, sur des maisons et sur les immenses champs déserts qui vont jusqu'à la frontière russe.

Pour sa grande cuisine, mamie a choisi des meubles italiens. Un palmier en pot occupe un des coins. C'est l'une de nos nombreuses plantes. J'adore prendre de longs bains dans notre grande baignoire équipée de jets de massage. C'est vraiment un super appartement, dans un super quartier de la banlieue nord-est de Kharkiv.

J'ai souvent beaucoup de devoirs le soir. Dès que j'ai fini, j'allume la télé. Puis je vais me coucher tranquillement.

Voilà mon quotidien. Comme tout le monde, j'ai entendu des rumeurs concernant la menace russe, mais ce sont juste des mots. La vie, le 14 février, était tout ce qu'il y a de plus normal. Et aussi le 15, le 16, le 17… Jusqu'au matin du 24 février 2022, ma vie était normale.

La peinture est un de mes loisirs préférés.

Prête pour l'école dans mon appartement de Kharkiv.

LA GUERRE EN UKRAINE

24 février 2022

« L'Ukraine déclare l'état d'urgence avant la probable invasion de la Russie »

The Irish Times

« Des explosions entendues à Kharkiv, la deuxième plus grande ville d'Ukraine »

The Washington Post

« La Russie est "sur le chemin de l'enfer", déclare le président ukrainien Volodymyr Zelensky »

CNN

« Les forces armées terrestres russes traversent l'Ukraine »

Kyiv Post

« Le monde fait face à "un grand péril", selon les Nations unies »

The Independent

Jour 1

Le début • L'horreur • La guerre •
La terreur dans mes yeux

La nuit avait été des plus banales. Je dormais à poings fermés, puis pour je ne sais quelle raison, je me suis réveillée très tôt dans la matinée. J'ai décidé de quitter ma chambre et de m'allonger sur le canapé du salon pour tenter de me rendormir. J'ai fermé les yeux et j'ai commencé à sombrer dans le sommeil.

5 h 10 Un bruit métallique dans la rue m'a réveillée. Ça m'a fait penser à une voiture qui se fait broyer. Ce qui était bizarre parce qu'on n'habite pas à côté d'une casse automobile.

J'ai alors compris qu'il s'agissait d'une explosion.

J'ai vu mamie à la fenêtre qui regardait dans la direction de la frontière. Des missiles volaient au-dessus des champs. Et tout d'un coup, une roquette est passée à côté de chez nous et a explosé avec une telle force que j'ai senti mon cœur se glacer dans ma poitrine.

Des alarmes de voiture ont commencé à hurler un peu partout. Mamie s'efforçait de garder son sang-froid.

– Poutine a vraiment décidé de déclencher une guerre ? a-t-elle lâché en me rejoignant.

J'étais sidérée, muette de peur. J'avais beau savoir que mamie disait vrai, je n'arrivais pas à y croire. Jusque-là, pour moi, la guerre, c'était dans les histoires. Je ne l'ai jamais vécue. J'étais terrorisée.

Il fallait faire vite. Pas le temps de réfléchir. Personne ne nous avait appris quoi faire en cas de guerre. Personne n'était préparé pour ça, ma grand-mère pas plus que les voisins ou moi. On savait juste qu'il fallait quitter l'appartement et descendre dans la cave.

J'avais les mains qui tremblaient, les dents qui claquaient. J'ai compris que je subissais ma première crise de panique. Mamie tentait de me calmer, me demandait de rester concentrée. Elle a mis une croix en or autour de mon cou et a caché sa boîte à bijoux dans son armoire. C'était un cadeau de baptême, mais je ne l'avais jamais porté.

Sur mon téléphone, le groupe de mon école tchattait déjà à propos de ce qui se passait.

Une fois prêtes, nous sommes descendues à la cave. À l'intérieur, la crise de panique est revenue. Je ne pouvais plus respirer, j'avais les mains moites et glacées.

La guerre avait commencé.

Des explosions, des bruits, les battements de mon cœur – j'étais incapable d'avoir les idées claires. Les larmes aux yeux, je craignais pour mes proches et pour moi-même.

Noyée sous la poussière, basse de plafond, notre cave n'est pas conçue pour servir d'abri antiaérien. Des tuyaux chauds et froids courent partout sur les murs. De petites fenêtres ouvrent sur la rue au-dessus. Pour les bloquer et éviter que des bris de verre ne blessent quelqu'un, des hommes entassaient des sacs de sable. On était nombreux à être venus s'abriter là.

Après un moment, une fois le calme revenu, j'ai rassemblé mon courage pour remonter et sortir de l'immeuble. Impatiente d'avoir des nouvelles, j'ai allumé mon portable. Les gens se regroupaient dehors et tentaient de comprendre ce qui venait d'arriver. Mais soudain, les bombes ont recommencé à pleuvoir, plus précises et plus fréquentes. On s'est tous précipités vers le sous-sol.

Troisième crise de panique. Crise de larmes. Je n'arrive plus à compter les explosions.

6 h 22
Nadya
Tu as entendu ces bruits ?

6 h 23
Yeva
Oui

6 h 23
Yeva
J'ai peur

6 h 23
😎 Myron 😎
OMG !

6 h 31
Misha
J'ai vraiment peur

6 h 31
Tolya 🤘
Moi aussi. Ça explose à côté de chez moi

6 h 32
Tolya 🤘
À cent mètres

6 h 32
😎 Myron 😎
J'ai vu des tanks

6 h 32
😎 Myron 😎
Une autre explosion

6 h 32
😎 Myron 😎
Et une autre

6 h 33
Misha
Ouais

6 h 33
😎 Myron 😎
Merde, on fait quoi maintenant ?

6 h 34
Ruslan
Les gars, paniquez pas

6 h 34
Ruslan
Restez zen

6 h 34
😎 Myron 😎
Petit génie. Facile à dire !

6 h 34
Ruslan
Je prie pour que tout aille bien

6 h 34
Misha
Ouais

6 h 47
Yeva
Salut tout le monde, je viens de sortir.
Ça sent le brûlé dehors

11 h 30 Notre voisin est parti retirer un peu d'argent au distributeur, mais sans succès. Des militaires ukrainiens armés de mitrailleuses grouillaient dans les rues et les explosions ont repris. Affolés, les gens rentraient chez eux en courant et notre voisin a fait pareil. Des snipers ukrainiens étaient postés sur les toits des immeubles.

Je me suis alors empressée d'appeler mes amis pour avoir de leurs nouvelles. Tous étaient sidérés par l'intensité de ce qu'ils venaient de traverser.

Un de mes camarades a senti son immeuble trembler. Un autre a entendu une bombe exploser à cent mètres de chez lui. Et d'autres encore ont entendu leurs fenêtres vibrer.

Mon amie Maryna m'a expliqué qu'elle avait mis un temps infini à se rendre dans un abri, tellement la circulation était dense. Olha se terre chez elle, décidée à ne plus jamais en sortir.

Et ce n'était que le début de l'enfer.

12 h 30 J'ai convaincu mamie de retourner un moment dans l'appartement. On a pu se laver rapidement et déjeuner. J'ai récupéré mon journal intime pour y raconter ce que je vis. J'ai aussi pris mon ordinateur, du papier et des crayons, au cas où je voudrais dessiner, quelques petites choses à manger, des oreillers et des couvertures. Et on est redescendues dans la cave.

15 h 20 La rumeur circulait que d'ici une demi-heure, il y aurait des avions, des troupes et des bombes.

16 heures Il ne s'était encore rien passé. On se regardait tous très angoissés.

Jusque-là, une belle journée ensoleillée et un ciel dégagé n'apportaient jamais aucune surprise. Mais tout a changé. Avant, quand j'entendais parler d'enfants victimes de la guerre, je ne comprenais pas vraiment la gravité de la situation. Je vois ça différemment maintenant que j'ai dû passer cinq heures tapie dans une cave. À présent, je le ressens au plus profond de moi avec toute la douleur et la terreur que la guerre engendre. Le monde a changé pour moi, il a pris de nouvelles teintes. Le ciel bleu, l'éclat du soleil, l'air frais, tout ça me semblait si merveilleux. Je comprends maintenant qu'il faut vraiment les savourer.

Toutes les heures, il y avait une nouvelle rumeur aux infos. L'une d'entre elles disait que la Russie avait retiré ses troupes et que Kharkiv avait défendu son indépendance. J'y avais d'abord cru et je m'étais même dit qu'écrire ce journal ne servait plus à rien. Mais l'information a vite été démentie par de nouvelles explosions.

À cet instant, je n'ai qu'une seule question en tête : à quoi ressemblera la nuit ? Il paraît qu'en temps de guerre, la nuit et le matin sont les deux périodes les plus effrayantes, parce qu'on ne sait jamais à quoi s'attendre. Je n'allais pas tarder à le découvrir par moi-même.

16 h 55 On entend les combats. Des mitrailleuses ou des missiles ? Je ne distingue pas les détonations. On a trouvé de vieux cartons et on s'en sert avec les quelques couvertures et oreillers qu'on a rapportés de chez nous pour nous confectionner des lits de fortune. Quelqu'un a descendu une table et des chaises, ainsi que quelques jeux pour occuper les enfants.

Avec ses deux sorties sur la rue, la cave s'étend sous toute la superficie de l'immeuble. Les hommes nous montrent où sont les toilettes. On comprend qu'on est partis pour rester là un long moment.

Les hommes posent un verrou sur une des portes afin qu'on puisse s'enfermer à l'intérieur. Je pars vérifier s'ils en ont également mis un sur l'autre porte, tout au bout de la cave, mais non. Soudain, mon amie Nadya apparaît, juste avant que les adultes condamnent également cette entrée. Elle se jette dans mes bras et je la serre contre moi pour la calmer. Elle tremble de tout son corps. J'entends des explosions dans la rue.

18 h 40 Il fait nuit à présent. Je sors respirer un peu d'air. Tout semble calme. Puis je retourne dans la cave.

Nadya et sa famille pensaient en profiter pour rentrer chez eux, mais au moment de partir… *BOUM !* Une explosion. Ils ont changé d'avis.

Les adultes annoncent tous que le pire est encore à venir.

On nous a expliqué qu'un couvre-feu a été instauré, de 22 heures à 6 heures du matin. Et on nous dit qu'il ne faut surtout pas sortir de la cave, parce que le pilonnage risque de reprendre à tout moment. Bon… on ne va pas beaucoup dormir cette nuit.

Les premières heures de la guerre. Terrée dans la cave de notre immeuble, je joue aux cartes avec les autres enfants pour me changer les idées.

21 heures Je n'ai jamais senti le temps passer aussi lentement. Les déflagrations sont incessantes. Apparemment, la Russie encercle l'Ukraine. Ils veulent la reddition de Kharkiv. Encore des explosions. Je frôle une nouvelle crise de panique, je m'assois à côté de ma grand-mère qui me prend dans ses bras. On a peur. On entend dire que l'eau et l'électricité vont être coupées dès le lendemain dans toute la ville. En temps de guerre, il n'y a plus de moyen d'alimenter les immeubles. Mais on ne perd pas espoir. On prie. Parce que c'est tout ce qu'on peut faire.

Chacun s'occupe comme il peut. Quelqu'un dort, ou fait semblant. D'autres téléphonent à des amis ou de la famille, pour discuter de la suite. Un homme rapporte les dernières infos. Les personnes âgées se ratatinent sur leurs chaises, muettes de terreur. Beaucoup de gens sont scotchés à leurs portables. Les enfants dessinent ou jouent aux cartes autour de la table et je me joins à un groupe qui joue aux dominos.

Mamie appelle ses amis pour prendre des nouvelles. Elle leur demande si on peut venir chez eux pour être plus en sécurité. Ici, on est trop près des bombardements.

On garde le moral parce qu'on est entourés de gens courageux qui se soutiennent.

On apprend que plusieurs pays proposent d'imposer des sanctions à la Russie, mais refusent de nous envoyer plus d'armes. C'est peut-être mieux ainsi…

25 février 2022

« La Russie pilonne l'Ukraine avec des frappes d'artillerie. L'Occident condamne l'invasion »

The New York Times

« Zelensky déclare la mobilisation générale en Ukraine »

Kyiv Post

« Des explosions entendues à Kyiv alors que les forces russes se rapprochent »

The Washington Post

« Poutine envahit l'Ukraine »

The Guardian

« Les grands monuments s'habillent en bleu et jaune par solidarité avec l'Ukraine »

The Independent

Jour 2

Une nuit calme • Il faut se sauver • Nos vies sont plus importantes • Changement de lieu

La nuit s'est passée calmement, sans bombardement. J'ai l'impression que tout le monde a réussi à dormir. Quant à moi, j'ai commencé à somnoler vers 22 h 30, puis j'ai fini par m'assoupir.

Mamie pense qu'on peut essayer de remonter chez nous pour manger un peu et nous débarbouiller rapidement avant de retourner dans la cave. On ne peut pas rester dans l'appartement trop longtemps, parce qu'on n'est pas en sécurité au cinquième étage.

7 h 30 Je prends mon petit déjeuner : un toast beurré et du thé. Je n'arrête pas de regarder par la fenêtre, à l'affût des tanks et des missiles. Ce matin, rien.

8 heures On range nos affaires pour sortir. Il fait très froid. Juste au moment où j'ai l'espoir que les bombardements ont cessé, j'entends une explosion.

Non, ce n'est pas la fin. On retourne en courant au sous-sol.

Il faisait très froid. Le mot « abri » a été écrit à l'entrée de la cave.

À ma grande surprise, il s'est mis à neiger. Et on annonce encore des chutes de neige pour les jours à venir.

J'ai essayé d'avancer d'un pas confiant, mais on avait peur toutes les deux que les explosions recommencent. Heureusement, la matinée a été calme. J'ai lu les 180 messages que mes camarades ont échangés pendant la nuit.

L'un d'eux a écrit qu'il avait peur de se faire exploser. Il habite tout près des combats. Un autre a partagé une vidéo de ce qui se passe à Soumy[4]. La ville semble être en feu. Deux de mes camarades ont continué à écrire jusqu'à minuit.

8 h 30 Dehors, des tanks roulent vers Kyiv. J'ai l'impression de voir quelque chose voler dans le ciel à une vitesse incroyable. Ce doit être un missile. Je suis peut-être juste parano.

8 h 40 Maryna, une copine de classe, m'a appelée. Sa tante lui a dit que les bombardements reprendraient

4. Soumy est une ville du nord-est de l'Ukraine, à côté de la frontière russe. La bataille de Soumy a commencé le 24 février 2022. Les soldats se sont battus dans les rues jusqu'à ce que la Russie retire ses troupes de la région.

dans une demi-heure. Après avoir raccroché, je m'endors pendant une heure environ. Il n'y a eu aucune explosion pendant ce temps.

Apparemment, nos tanks et nos véhicules blindés de transport de troupes stationnent entre les immeubles. Pourvu qu'ils ne se servent pas de nous comme bouclier humain ! Mamie décide de téléphoner à Inna, une amie, pour savoir si on peut venir chez elle. On appelle la compagnie de taxi et on attend pendant ce qui nous paraît des années.

Quand le taxi arrive enfin, on monte et on démarre sans attendre.

– Et nos affaires ?

– On les laisse. Il faut partir, me répond ma grand-mère. Nos vies sont plus importantes !

J'ai quitté mes amis.

Ça me fait de la peine…

Mais on fait ce qu'il faut pour survivre. On doit d'abord penser à nous et à nous sauver d'ici.

La traversée de Kharkiv me semble étrangement normale, si on fait abstraction des longues files d'attente devant les pharmacies et les supermarchés. Il n'y plus de militaires devant les magasins à présent.

Sur la route, on a vu un véhicule militaire endommagé. Et un autre qui transportait des soldats ukrainiens.

– Qu'est-ce qu'ils font ici ? ai-je demandé, tellement j'étais sidérée de les voir sur la route qu'on emprunte normalement.

– Ne t'en fais pas pour ça, a répondu ma grand-mère.

Après une trentaine de minutes, on est arrivées chez Inna, à Novobavarsky, à l'ouest de Kharkiv. C'est une charmante petite maison. Il y a aussi eu des bombardements ici, mais beaucoup moins. Seulement, comme on est en hauteur, les explosions résonnent davantage.

La cuisine est assez spacieuse pour prendre ses repas sur la grande table au milieu. Des trois chambres à coucher de la maison, on a choisi celle avec le canapé-lit. Comme il y fait un peu froid, on a colmaté la fenêtre avec une couverture.

La maison est équipée d'un petit poêle à bois à côté de la porte d'entrée. Et dehors, sur la terrasse, une trappe mène à une cave.

Dans la cuisine, un grand tableau de paysage marin décore un mur avec de vrais coquillages collés sur le cadre. Il n'est pas terminé. Inna sait que j'aime peindre, alors elle me propose de le finir pour elle. J'accepte, heureuse de m'évader un moment de la terreur des explosions qu'on continue à entendre au loin. Je lui demande aussi de me donner une feuille de contre-plaqué pour dessiner un ange. J'aimerais essayer de le peindre dans le style d'Eugenia Gapchinska[5].

---

5. Eugenia Gapchinska est l'artiste la plus riche d'Ukraine et connue pour « apporter du bonheur dans le cœur de tous » avec son style fantasque.

Et ça m'aidera à ne pas penser à ce que je viens d'abandonner.

Mon amie Rita et sa mère ont appris grâce à nous que la situation en ville s'était un peu calmée, alors elles ont essayé de partir à Pesochyn, un quartier à l'ouest de Kharkiv. Elles ont vite rassemblé leurs affaires, mais ont eu moins de chance que nous. Les bombardements ont repris, plus intenses encore. Des militaires, des tanks, des tirs, des explosions. C'était trop tard pour partir… La panique s'est emparée de la population et tout le monde s'est mis à courir vers les caves. Ici, nous ne sommes pas autant en danger que mes amis. Qu'est-ce qui va se passer, maintenant ? Est-ce qu'on va en réchapper ? Et nos maisons ? Personne ne peut plus rien promettre.

D'énormes bombes sont tombées dans les rues de Kharkiv, mais heureusement, l'eau et l'électricité n'ont toujours pas été coupées.

Je tente de rester calme en peignant une fresque murale de paysage marin dans la cuisine d'Inna.

13 h 30 Aux informations, on entend que des avions de combat ont décollé de Koursk, en Russie, mais leur destination est encore inconnue. Le plus probable est qu'ils se rendent à Kyiv, la capitale.

Je viens de me rendre compte que j'ai oublié mon chargeur dans notre cave à Kharkiv. La batterie de mon portable est presque à plat. Pareil pour nos réserves de nourriture. Par chance, Inna a un chargeur à me prêter. Au moins pour ça, je n'ai pas à m'en faire.

Les messages continuent à arriver sur notre groupe. Polyna m'a écrit qu'il y avait des tanks sur la rue Hvardiitsiv-Shyronintsiv, dans le nord-est de la ville.

– Essaie de ne pas t'inquiéter. On n'y peut rien, m'ont répondu Inna et mamie quand je les en ai informées.

On refuse de s'affoler.

J'ai entendu dire que des tanks tirent à deux cents mètres de mon école. Myron, un de mes camarades, a quitté son abri pour prendre l'air. Brusquement, il a vu une lumière rouge et a entendu l'explosion d'un missile et des détonations de mitraillette. Il s'est précipité vers la cave. Dyana ne bouge plus de sa maison à Velyka Danylivka, dans le nord-est de la ville. Elle assiste aux combats, impuissante.

Mon quartier, Saltivka Nord[6], a pratiquement été effacé de la carte. C'est horrible ! Toutes les petites

6. Saltivka est la plus grande zone résidentielle du nord-est de Kharkiv.

rues où je jouais, les cours d'immeuble, ma pizzeria préférée et mon école ! Tout était tellement beau ! C'est une honte ! Et dans quel but ? La résidence du 60 rue Natalii Uzhvii a été démolie par un missile. Je l'avais vue en passant en voiture avec ma grand-mère. Elle n'avait pas encore été touchée quand on est parties chez Inna. Quand j'ai appris qu'elle n'existait plus, j'ai eu froid dans le dos. Novobavarsky, où nous logeons pour l'instant, est tranquille, mais pas Saltivka Nord. L'école a annoncé des vacances de deux semaines… Ouais… Tu parles de vacances !

Du côté des nouvelles plus légères, on a allumé le poêle à bois et c'est à moi qu'il revient d'alimenter le feu. Je n'arrête pas de me répéter qu'il faut se concentrer sur le positif, en toutes circonstances. Alors, je profite de la chaleur du petit poêle. On s'assoit autour pour ne pas être seules. On a moins peur quand on est ensemble.

Curieuse de savoir à quoi ressemble la cave dans laquelle on ira se cacher s'il le faut, j'ai ouvert la trappe et j'ai descendu deux marches. J'ai dû soulever une autre trappe, derrière laquelle j'ai trouvé une grande cave profonde. On y sera en sécurité, c'est sûr.

19 heures Il commence à faire noir dehors. On a entendu quelques explosions. Est-ce le moment pour nous d'aller nous réfugier au sous-sol ?

19 h 15 Les explosions sont de plus en plus fortes. Ils vont sûrement commencer à tirer des missiles Grad[7], et malheureusement, ils ne sont pas connus pour leur précision.

La région de Velyka Danylivka, où habitent mes amis Toyla et Dyana, est sévèrement pilonnée. J'espère qu'ils tiennent bon.

L'oreille tendue vers les explosions, Inna tente de localiser le point d'impact. Elle essaie de calmer mamie en lui garantissant qu'elles sont encore loin.

Après le dîner, la situation s'apaise un peu. On discute. Je regarde des vidéos de Minecraft sur YouTube. Pendant ce temps, le gouvernement demande aux citoyens de prendre les armes et de participer aux combats.

19 h 50 Il fait nuit noire. Jamais la nuit n'a été aussi noire. J'ai trop peur pour sortir. Une amie d'Inna est venue pour nous tenir compagnie.

On n'écoute plus les informations parce qu'elles ne servent qu'à nous terroriser. Mon cœur continue à tambouriner dans ma poitrine, mais j'essaie de me calmer. La chaleur du poêle m'endort.

21 heures Une fois le feu éteint, Inna m'invite à venir dans le salon où il fait plus chaud. Je m'assois

7. Le système Grad est conçu pour envoyer plusieurs missiles en même temps. Il est régulièrement utilisé par l'armée russe depuis son entrée en service dans les années 1960.

sur un fauteuil confortable. Je me détends un peu et oublie, l'espace d'un instant, les horreurs des deux derniers jours.

On récite une prière ensemble et Inna va se coucher.

Le silence règne. On espère une nuit calme, comme la veille…

22 heures Je n'arrive plus à garder les yeux ouverts. Je ne vais pas tarder à m'endormir…

26 février 2022

« Kyiv au bord du gouffre »
The Guardian

« Le président ukrainien Zelensky : "Dans les rues d'une ville dévastée par la guerre, un héros est né" »
The Washington Post

« Un civil tué à Kharkiv, son immeuble sous le feu de l'artillerie »
CNN

« Nous n'avons pas peur »
The Daily Mirror

« "Arrêtez Poutine, arrêtez la Russie" : dans le monde entier, des manifestations de solidarité avec le peuple ukrainien »
The Daily Telegraph

Jour 3

Le pire est passé ? • Cri du cœur • La vie continue • Une soirée agitée

7 h 40 Le mur sur lequel je suis appuyée tremble. C'est effrayant.

– Il paraît que Zmiïv[8] est bombardé, annonce Inna.

8 heures J'ai entendu dire que les deux premiers jours d'une guerre sont les plus difficiles. On en est au troisième pourtant.

Sortie faire des courses, Inna est rentrée au bout de deux heures. Les prix ont beaucoup augmenté, tout est vraiment très cher maintenant. Il manque même plusieurs produits. Le magasin venait de recevoir une livraison de pain frais, mais il n'y en avait pas assez pour tous les clients. Tout le monde achète de la vodka.

Je commence à me dire qu'on a bien fait de partir hier, contrairement à Rita et sa mère qui n'ont pas pu à cause des bombardements. Nos vies sont

8. Zmiïv est une ville au sud de Kharkiv.

plus importantes que quelques affaires ou même que l'appartement. Ce qui compte, ce ne sont pas les affaires qu'on a dû laisser derrière nous. On les retrouvera, on reviendra chez nous. C'est sûr, c'est difficile à accepter. Chaque jour, j'apprends que la vie continue, même en temps de guerre. On se raccroche à l'espoir que tôt ou tard, la guerre s'arrêtera.

J'ai appris qu'ils ont bombardé notre aéroport. Il est assez loin d'ici, mais j'ai clairement entendu l'explosion. Je n'ose imaginer ce que ça a dû être juste à côté. Et le temps qu'il faudra pour tout reconstruire. Des années sûrement. Qui sait ?

La nuit dernière, des véhicules militaires ont circulé dans le coin pour la première fois.

Le chanteur Oleskii Porapenko a posté sur son Instagram un véritable « cri du cœur » :

Pourquoi aucun réseau ukrainien ne montre l'étendue de l'horreur qui frappe Chtchastia[9] *(oblast*[10] *de Louhansk). Les gens vivent dans des ruines !*

Les civils ukrainiens doivent évacuer d'urgence ! Pourquoi personne ne dit rien ? Pourquoi personne ne fait rien ? Comment pouvez-vous traiter votre peuple de cette façon ? Les gens doivent savoir pour que la mobilisation commence ! Qu'ils participent à l'évacuation ! Quelque chose doit être entrepris ! N'importe quoi !

---

9. Chtchastia est située dans l'est de l'Ukraine.
10. Oblast veut dire « région » en ukrainien et dans l'ancienne Union soviétique. L'Ukraine est sous-divisée en vingt-quatre oblasts.

On nous a dit que les explosions de la veille étaient dues aux bombardements du périphérique de la ville. Apparemment, les tanks ukrainiens ont détruit ceux des Russes dans les villages de Pesochyn et Vysokyi. Une route part de Pesochyn en direction de Kyiv et Vysokyi mène à Dnipro[11]. Les tanks russes voulaient attaquer Kyiv, mais les nôtres les ont arrêtés…

13 heures Une nouvelle série d'explosions retentit. Ce n'est pas la plus bruyante que j'aie entendue jusque-là, mais c'est quand même effrayant. Le couvre-feu a de nouveau été modifié. Il est désormais fixé entre 18 heures et 6 heures du matin.

Aux infos, ils disent que les Russes ont déjà subi 3 000 pertes humaines, mais que les médias russes n'en parlent pas.

Kharkiv est une si belle ville… ou plutôt, elle l'était. Combien de temps et d'argent a t il fallu pour construire un endroit aussi parfait ? Et en un instant tout est en ruine !

Ils visent désormais les civils plus qu'au tout début.

Papi Yosip nous a dit qu'il s'était promené dans les rues. Incroyable ! C'est la guerre et il se balade !

À Velyka Danylivka, la situation se dégrade. Je suis inquiète pour Tolya, les bombardements

11. Dnipro, anciennement appelé Dnipropetrovsk, est la quatrième plus grande ville d'Ukraine sur les bords du fleuve Dniepr.

s'intensifient, et un ami du père de Myron s'est retrouvé avec un missile dans la cour de son immeuble. J'ai peur. On entend toujours les explosions au loin.

Rita et sa mère ont décidé de prendre le train pour Bezlioudivka. À l'heure où j'écris, elles sont à la station de métro Prospekt Haharina, au milieu d'une foule compacte. En descendant dans la station, elles ont échappé à une pluie de missiles derrière elles. Par chance, personne n'a été blessé.

Et dans notre quartier, nos amis disent que les immeubles tremblent… Quelle horreur ! Que va-t-il se passer maintenant ?

15 h 10 Violents bombardements. On a rangé la cave pour pouvoir y rester plusieurs heures. Autour de moi, dans des cartons placés contre les murs voûtés, s'empilent des bocaux en verre remplis de tomates et concombres marinés, et aussi de confiture de framboises ou d'abricots. Mamie et Inna ont descendu un banc, et moi, quelques manteaux. C'est petit ici, mais il ne fait pas trop froid. Quand on a terminé l'installation, on remonte dans la maison.

15 h 55 Deux explosions soudaines à six kilomètres environ. On se précipite dans la cave. Le silence revient. On prie, envahies par la terreur. Prier et espérer, c'est tout ce qu'on peut faire.

Le soleil se couche. On veut la paix. On ne se rappelle même plus nos anciens rêves ni tout ce qu'on pensait important. On ne se rappelle plus nos anciennes disputes, nos problèmes d'avant. Rien de tout ça ne compte désormais. En temps de guerre, on n'a qu'un seul objectif : rester en vie. Tout ce qui semblait difficile ou grave devient insignifiant. On a peur pour nos proches et tous les jours sont ponctués par des *BOUM !* On pense à sa chance chaque fois qu'une roquette passe à côté. Et la terreur nous tenaille chaque minute du jour ou de la nuit. On prie toute la journée, on demande à Dieu de nous rendre la paix. On s'accroche à chaque instant…

On appelle constamment ses amis pour prendre des nouvelles et on entend que les Russes bombardent toute l'Ukraine. Les informations parlent d'une guerre de grande ampleur. Ça fait tellement peur ! La terreur règne sur nos âmes et dans tout le pays. Mon âme hurle. J'ai mal, mais je dois continuer à m'abriter, à espérer et à prier que bientôt on retrouve la paix.

J'ai envie de prendre quelque chose pour me calmer, mais surtout, surtout, j'aimerais me réveiller de cet affreux cauchemar.

17 h 40 Il fait nuit. On reçoit un appel de Nelya, une amie de mamie. Elle nous dit qu'un tank ukrainien, stationné près de l'école maternelle, tire en permanence sur quelque chose. Puis c'est au tour d'une de mes enseignantes de nous téléphoner pour nous raconter une histoire terrifiante :

– Un garage près de chez moi a pris feu. On se cachait dans la cave d'un autre garage, mais c'est devenu dangereux. Alors on a décidé de se précipiter vers la cave de l'école. Des missiles volaient au-dessus de nos têtes. On courait à toutes jambes. Heureusement, on est tous arrivés à l'intérieur sain et sauf.

J'ai si peur pour elle. C'est ma prof préférée.

18 h 57 Inna a préparé un zapekanka, un gâteau au fromage et à la semoule, et on le mange avec de la confiture de framboises et du thé à la menthe. Je me détends un peu, mais les explosions continuent. On nous dit que ce sont nos soldats qui tirent sur les forces russes depuis leurs positions sur le périphérique. En permanence, on entend le bruit des avions et des missiles. Hier à la même heure, tout était silencieux. Ce soir, c'est assourdissant.

Apparemment, un groupe de saboteurs russes a été capturé à Kharkiv. Ils allaient truffer de mines les rues de la ville. On raconte que certains mettent même des explosifs dans les jouets, les téléphones portables et d'autres objets encore.

Ce soir, je n'ai plus trop d'espoir.

Quand les bombardements ont cessé, Inna m'a appelée dans sa chambre. C'est une petite pièce avec une seule fenêtre, mais c'est l'endroit le plus sûr de la

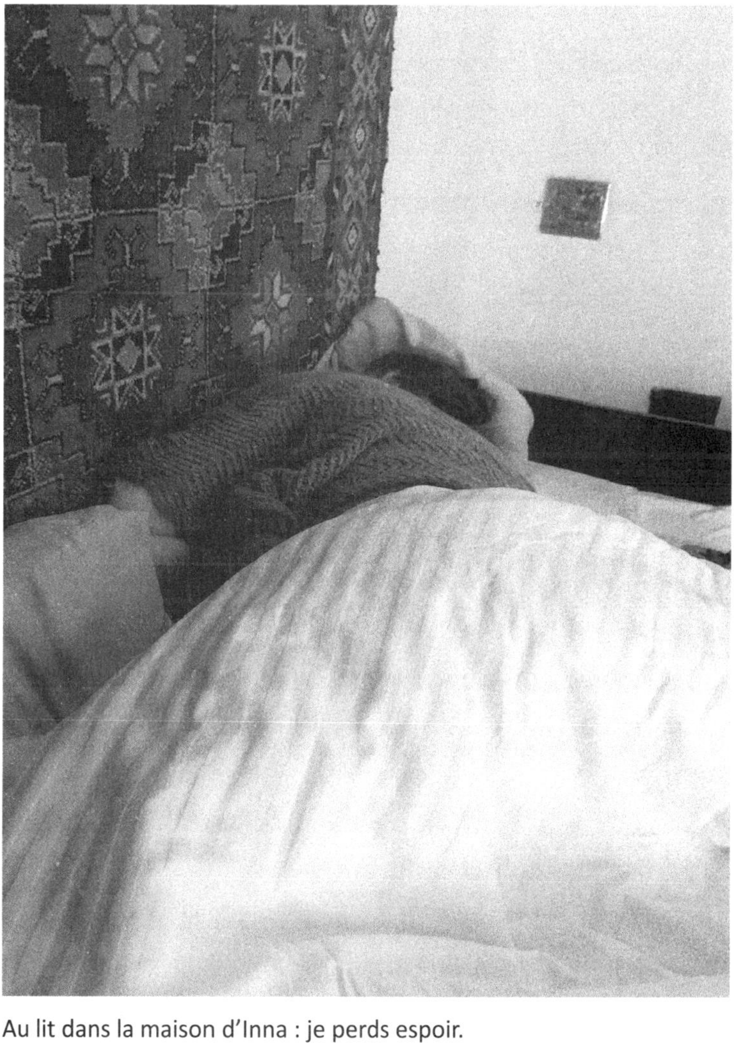

Au lit dans la maison d'Inna : je perds espoir.

maison. Elle a allumé une lampe de chevet. Toutes les autres lumières sont éteintes pour éviter que des avions ne nous repèrent. Je prie pour que ça reste calme jusqu'au matin.

C'est alors qu'ils commencent à bombarder le périphérique et des avions traversent le ciel dans tous les sens. J'essaie de respirer, mais je suis prise d'une nouvelle crise de panique. J'étouffe, j'ai l'impression qu'on m'écrase la poitrine.

Les détonations retentissent. On reste assises. Je me dis que je serais plus en sécurité allongée par terre. Même si les bombardements sont loin d'ici, mamie aperçoit un projecteur par la fenêtre et insiste pour qu'on descende à la cave. Je l'accompagne.

19 heures On boit un thé dans la cave. Inna refuse de se joindre à nous, car le calme est revenu et elle craint que si la maison s'effondre, on reste enterrées sous les décombres sans que personne ne le sache. Je lui demande de m'apporter mon journal pour pouvoir raconter tout ce qui se passe. Les choses s'apaisent un peu et je commence à me détendre.

Au fait, Rita et sa mère ont réussi à prendre le train et sont maintenant en sécurité.

J'écris mon journal à la lumière de mon portable.

Saltivka Nord est pilonné par les roquettes.

On sortira de la cave pour aller au lit quand on n'entendra plus rien.

27 février 2022

« Poutine prend délibérément des décisions qui pourraient conduire à la Troisième Guerre mondiale »

Die Welt

« La Russie frappe les aérodromes ukrainiens et les stations-service dans une série d'attaques »

The Irish Times

« La terreur règne dans les rues »

The Sunday Times

« "C'est révoltant" : les enfants pris dans la guerre en Ukraine »

The Guardian

« Accueillez ces réfugiés »

The Independent

Jour 4

Une nuit mouvementée • L'enfer à Saltivka Nord • Besoin de sortir malgré la peur

J'ai dormi jusqu'à 8 heures du matin. Ça me paraît tard, maintenant. Je me suis tournée sur le côté et un soleil radieux m'a éclairé le visage. Magnifique rayon de lumière. La journée me semblait tellement belle. Je voulais sortir et en profiter. Mais je me suis rappelé.

Je découvre qu'il y a eu de violents bombardements dans la nuit, mais loin d'ici. Je dormais profondément quand c'est arrivé. J'étais tellement épuisée de tout ce bruit que j'ai dû débrancher mon cerveau. Velyka Danylvka est en feu. Saltivka Nord est bombardé avec des lance-roquettes Grad. C'est la première fois depuis trois jours que le quartier est visé la nuit.

J'appelle mon amie Olha. Elle me raconte ce qui se passe de son côté. L'école maternelle près de chez elle n'a plus de toit. Un bâtiment à côté a été soufflé par une explosion et un couple a été touché par les débris. L'ambulance arrivée sur place après une éternité (une heure) a d'abord refusé de les emmener, mais a fini par accepter.

Olha et sa famille faisaient la queue devant le centre commercial Equator depuis des heures, mais au moment où Olha allait payer, l'électricité a été coupée. Elle n'a pas pu emporter ses courses. Elle retentera sa chance aujourd'hui.

10 heures On n'a plus d'eau, alors on a décidé d'aller à la source. La rue m'a semblé complètement vide, mais on a quand même croisé quelques personnes. On a entendu des explosions au loin. On a rapporté de l'eau. Inna m'a montré son jardin. Elle a des arbres fruitiers, un buisson de framboises et un buisson de mûres. Et elle a aussi un carré de fraises ! Elle me montrait où elle envisageait de planter des fleurs quand… *BOUM !…* Deux détonations tout près de nous ! Mamie et moi nous sommes précipitées dans la cave, mais Inna est restée dans sa maison.

Plus tard, papi Yosip a envoyé une photo d'une scène terrible : un missile planté dans la rue juste devant une boutique. Il devait mesurer au moins deux mètres. Il n'était pas chargé et servait juste de balise. Les tanks russes ont envahi le centre-ville.

On est remontées de la cave, mais quinze minutes plus tard, on a dû y retourner.

On a beaucoup de chance avec nos voisins ici. On prend soin les uns des autres. Ils nous apportent à manger. Plusieurs fois par jour, on descend dans la cave.

10 h 08
Tolya 🤘
Les gars, je vais bien pour l'instant.
La moitié de ma rue a explosé,
mais ils ne nous ont pas touchés

10 h 08
Tolya 🤘
J'éteins mon téléphone, mais
je reviens peut-être plus tard

10 h 08
Tolya 🤘
Les lumières ont ete coupées...

10 h 08
Tolya 🤘
À tout à l'heure !

10 h 39
Dyana
Merde

11 h 08
Polyna ⭐
Il y a des tirs ici...

11 h 24
Davyd
Hello

11 h 25
😎 **Myron** 😎
Hello

11 h 25
😎 **Myron** 😎
Tykhon, c'est calme chez toi ?

11 h 36
Tykhon
Il y a des combats à Alekseevka

11 h 36
Tykhon
Donc non, c'est pas calme

11 h 37
Polyna ⭐
Hello

11 h 46
Polyna ⭐
On se fait bombarder

12 h
Fylymon
T'es où ?

12 h 05
Polyna ⭐
À la maison

13 h 07
Tolya 🤘
Les gars, ils recommencent

13 h 13
Polyna ⭐
Ça a repris ici

13 h 22
Tolya 🤘
Je vois de la fumée qui s'élève des champs

13 h 26
Yeva
Ne désespère pas, tiens bon

13 h 28
😎 Myron 😎
Je n'ai nulle part où cacher mon PC

13 h 28
Yeva
Dans l'armoire

13 h 28
Yeva
On va survivre, on va s'en sortir

À 18 heures, il fait nuit noire. Plus le temps passe, plus je déteste la nuit. Je n'ai pas envie de voir le soleil disparaître à l'horizon. Malheureusement, je n'y peux rien. Les soirées apportent l'inconnu et me plongent dans l'angoisse.

21 h 30 Tout est calme ici et je me sens plus tranquille. Je le dois principalement à un camarade de classe, Kyrylo, qui poste tout le temps des vidéos drôles dans notre groupe. Il se filme aussi avec toutes sortes de grimaces et de filtres. J'ai mal au ventre à force de rire et je tombe presque de mon lit.

28 février 2022

« **Poutine utilise la menace nucléaire** »

The Daily Telegraph

« **Plus de 350 civils tués** »

The New York Times

« **Course vers la frontière** »

The Sunday Times

« **“Qui d’autre que nous ?” : les civils ukrainiens prennent les armes** »

The Irish Times

« **Aide militaire et humanitaire en route vers l’Ukraine** »

Kyiv Post

Jour 5

Un début inattendu • Une tentative pour obtenir de la nourriture et des médicaments

Je me suis réveillée à 3 heures du matin. J'étais sur le point de me rendormir quand des avions de combat ont lâché des bombes. La panique monte, chaque explosion me glace le sang. Inna nous a envoyées nous réfugier dans la cave, promettant de nous y rejoindre rapidement. On s'est dépêchées de descendre et on a attendu. Je n'imagine pas les risques qu'Inna va prendre si elle décide de nous y retrouver. Je me suis endormie. Le couvre-feu est maintenant de 15 heures à 6 heures du matin.

8 heures Nouveaux bombardements, mais plus loin.

Une amie de grand-mère a téléphoné pour lui dire qu'une maison dans le village de Vysoki a été détruite, sans faire de victime, à part un chien. Apparemment, ce sont ces explosions qu'on a entendues.

Plus tard, ma grand-mère et son amie ont essayé de faire des courses, sans succès.

– J'attendais dans la queue, mais j'avais trop peur, a expliqué mamie. Les bombes pleuvaient. C'était pire qu'hier, quand on a été chercher de l'eau. Les gens font encore la queue. Ils sont habitués aux bombardements maintenant. Ils sont prêts à tout pour acheter quelque chose à manger.

On a eu des nouvelles de mamie Zyna. Elle a dit qu'elle voulait enfreindre le couvre-feu pour aller à la pharmacie. Elle a demandé à papi Yosip de venir avec elle, mais il a dit que la plus proche était fermée. Elle lui a proposé d'aller dans une autre sur Heroiv Pratsi. J'ai l'impression que même si sa maison se faisait bombarder, elle garderait son sang-froid. En ukrainien, on dit « calme comme un boa ». Papi Yosip a refusé parce que le couvre-feu est très strict et que c'est dangereux d'aller dehors. Pourquoi est-ce qu'ils visent des gens qui tentent simplement de se procurer des médicaments ?

Aujourd'hui, des négociations commencent entre les délégations de la Fédération russe et l'Ukraine. Un pâté d'immeubles a été détruit dans l'après-midi. Il y a des victimes. Des accidents. Les corps n'ont pas été évacués. Les civils sont bombardés de tous les côtés.

Il y a un parking près de l'immeuble de mamie Iryna et des bâtiments juste derrière qui ont été touchés par le pilonnage.

13 h 43
Polyna ✯
On est bombardés

13 h 43
Nadya
On se fait complètement laminer

13 h 44
Polyna ✯
C'est assourdissant

13 h 45
Nadya
Je deviens sourde

13 h 45
Yeva
Il y a eu des bombardements juste derrière le parking de mamie

13 h 45
Yeva
Aujourd'hui

15 h 12
Polyna ✯
On se fait bombarder à l'instant même

15 h 17
Polyna ✯
J'ai peur

15 h 17
Nadya
N'aie pas peur

15 h 17
Nadya
Fais comme moi

15 h 17
Nadya
Écoute de la musique

18 heures Il fait nuit. Je déteste toujours plus la nuit à mesure que les jours s'assombrissent.

1er mars 2022

« Les roquettes pilonnent Kharkiv »
Financial Times

« Les attaques s'intensifient maintenant que les pourparlers sont terminés »
The Wall Street Journal

« Poutine accusé de crimes de guerre »
Evening Standard

« "Personne ne va nous briser" : le président Zelensky s'adresse au parlement de l'Union européenne »
The Irish Times

« Les opérations de secours pour l'Ukraine croulent sous les dons dans toute l'Irlande du Nord »
The Independent

Jour 6

Un beau rêve • Des informations bouleversantes • Notre appartement est détruit • Une journée d'intense survol aérien

J'ai fait un rêve merveilleux cette nuit. J'ai rêvé de mon école… et le plus significatif, d'un ciel serein. Mes amis et moi, on jouait, insouciants. Comme avant… J'aimerais tellement que la situation ne soit pas ce qu'elle est. Je n'en peux plus des explosions. J'ai envie d'entendre le silence, comme avant, la paix. Les oiseaux qui chantent, la pluie… Tout était tellement beau avant la guerre… Je voudrais retrouver ma vie d'avant.

Le bombardement vers 6 heures du matin était particulièrement violent, mais le calme est revenu, je crois. Pourtant, Inna et mamie consolident les fenêtres avec du ruban adhésif pour éviter que le souffle d'une explosion ne brise les vitres.

Des avions survolent la région. Dans le centre-ville, la place de la Liberté a été détruite par un seul missile. Ça a été filmé. Dans la vidéo, on voit deux voitures. L'une d'elles fait une embardée et les passagers en sortent précipitamment. Deux autres personnes s'enfuient du lieu de l'impact. Il paraît que des bombes ont aussi touché le zoo, le Derzhprom, le parc Gorki, l'université, l'Opéra et la philharmonie.

Tout arrive tellement vite.

10 heures Inna est sortie faire des courses, malgré la pluie de missiles, et cette fois, elle a réussi.

10 h 02
Yeva
Bonjour tout le monde,
si on peut dire

10 h 03
Yeva
Les monuments de Kharkiv
ont été touchés

10 h 04
Yeva
Et ils bombardent la place de la Liberté

10 h 04
Yeva
Okhtyrka[12] a été visée avec
une bombe à vide[13]

12. Okhtyrka est une « ville héroïque » de l'oblast de Soumy, titre accordé à dix villes en mars 2022 pour leur résistance héroïque face à l'invasion russe. Il existait déjà quatre villes héroïques sous l'Union soviétique.
13. Également appelées thermobariques, les bombes à vide contiennent un réservoir de liquide combustible volatil et deux charges explosives. La deuxième est capable de pulvériser des corps humains.

10 h 21
✿ Leila ✿
Ouais, c'est complètement dingue

10 h 31
Kyrylo
Une bombe à vide ? Tu as appris un nouveau mot ?

10 h 32
Tykhon
C'est clair

10 h 39
Yeva
Vous arrivez encore à plaisanter ? Regardez un peu ce qui se passe autour de vous

10 h 40
✿ Leila ✿
Yeva, fais pas attention à eux, ils sont bêtes

10 h 41
Yeva
T'as raison, merci

10 h 42
Yeva
Et vous avez vu ce qui est arrivé à la place de la Liberté ?

10 h 42
Kyrylo
Rasée

10 h 43
✿ Leila ✿
Oui

11 h 28
Polyna ✯
On se fait bombarder à cet instant même

11 h 32
Polyna ⭐
J'ai peur

11 h 51
Evhen
Le kiosque juste à côté de chez moi a été détruit

11 h 58
Yeva
Evhen, tiens bon, on est avec toi

12 h
Polyna ⭐
Tout ira bien

12 h 36
Evhen
On est en route vers Poltava[14]

13 h 47
Yeva
Mon immeuble a été touché, mon appartement n'a plus de balcon 😪😪😪

Minuit On a reçu des nouvelles horribles. Un de nos voisins nous a appelées pour nous dire que notre cuisine avait été touchée par un missile. Les secours sont apparemment devant notre immeuble.

Le missile qui a causé les dégâts est, d'après les sauveteurs, une arme à sous-munitions (interdite par les conventions de Genève). Ils doivent entrer dans

14. Poltava est une petite ville située au centre de l'Ukraine sur la rivière Vorskla.

l'appartement rapidement pour s'assurer qu'aucune charge explosive ne risque de faire s'effondrer le bâtiment.

Mamie a essayé d'appeler un voisin pour qu'il récupère les clés, mais en vain. Les secouristes ont fait sauter la porte d'entrée. Il ne restait plus d'explosif, mais notre cuisine est complètement pulvérisée.

Quelle tristesse. J'y ai vécu toute mon enfance. Attaquer mon appartement revient à attaquer une partie de moi. J'ai l'impression qu'on me broie le cœur.

J'y avais tant de souvenirs ! Notre mobilier italien, notre élégant service à dîner, la table en verre. Tout a été réduit en cendres. Les larmes inondent mes joues. Mais ce n'est qu'une toute petite fraction de ma peine. Ce ne sont pas les objets que je pleure, mais les souvenirs qu'ils renferment. J'ai passé mon enfance dans cette cuisine et maintenant elle n'existe simplement plus !

Il ne reste pas grand-chose de l'appartement non plus. Pourquoi personne ne dit rien ? Pourquoi ? Vous préférez vous battre dans les villes, tout détruire sur votre passage, plutôt que de vous contenter des champs de bataille ? Kharkiv se fait tranquillement rayer de la carte.

Notre appartement a été touché par un missile. Je suis sous le choc.

Si vous voulez une description précise de ce qui est arrivé à mon appartement, lisez ça, on a reçu tous les détails… Le balcon, la cuisine et la partie du couloir qui y mène ont été complètement détruits. Des morceaux de plâtre, des gravats et des bris de verre jonchent le sol. Les fenêtres de ma chambre ont explosé, mais la pièce est intacte. Le salon et même ses fenêtres ont été épargnés. La porte d'entrée était dans un tel état que même si ma grand-mère avait trouvé quelqu'un pour récupérer la clé, ça n'aurait servi à rien. Les secouristes l'ont refermée tant bien que mal avec du scotch. On aimerait la faire souder. Restera-t-il quelque chose de notre appartement quand la guerre sera terminée ?

19 heures Aujourd'hui, les avions ont sillonné le ciel au-dessus de nos têtes sans arrêt. Comme toujours, dès la nuit tombée, l'amie d'Inna est rentrée chez elle. Mamie préparait du thé dans la cuisine, quand soudain, elle a vu un drone géant. Les lumières allumées, il volait tellement bas qu'elle s'est jetée au sol. Inna et moi, on était dans sa petite chambre quand on a entendu le moteur. Il ne faisait pas le bruit d'un avion. On s'est aussi allongées par terre. Cette fois, on ne s'est pas précipitées à la cave, parce que si la maison s'était écroulée, personne n'aurait su qu'on était au sous-sol. On aurait été enterrées. Le drone a survolé la région en lâchant des bombes. Larmes de l'enfer. Couchée dans mon lit, j'ai pour la première fois songé à combien je veux vivre. Mon cœur s'arrêtait à chaque nouvelle déflagration. Je m'accrochais à chaque minute, chaque seconde. Jamais je n'ai été si près de la mort. Je priais sans relâche pour que les avions s'éloignent, que les bombes épargnent la maison. Je ne pouvais plus respirer.

Au bout d'un certain temps, le calme est revenu et je me suis détendue.

En route pour Poltava, Evhen nous a envoyé une photo d'un missile en plein ciel.

Dyana a quitté Velyka Danylivka, laissant des maisons en flammes derrière elle.

On est tout de même descendues dans la cave. J'ai essayé de me reposer un peu, mais je n'ai pas réussi à m'endormir, alors on est remontées.

2 mars 2022

« Course désespérée pour le dernier train au départ de Kyiv »

The Guardian

« Zelensky implore l'Ouest d'éviter un génocide »

The Daily Telegraph

« Kyiv et Kharkiv assiégées par l'armée russe »

The Irish Times

« La Russie vise des cibles civiles »

The Wall Street Journal

« L'Ukraine face à une crise humanitaire et aux attaques de missiles russes »

The Guardian

Jour 7

Un autre rêve, mais pas aussi agréable • Sommes-nous condamnées ? • Un revirement heureux • On quitte Kharkiv

J'ai fait un rêve. Dans notre Toyota, nous roulions vers notre appartement bombardé. On y entrait, et le couloir était noir de déchets. On allait dans la cuisine. Les placards n'avaient subi aucun dégât. La table était cassée. Je commençais à filmer. Et soudain, un missile tombait sur l'immeuble voisin. Je ne pouvais pas parler. C'est là que le rêve s'est arrêté.

Si seulement on pouvait partir loin d'ici. Ça rendrait tout tellement plus simple. Mais notre voiture est dans un garage à plus d'un kilomètre de notre appartement, et elle n'a plus de batterie.

On a entendu des tirs d'artillerie ce matin.

Internet a été coupé à 6 heures.

À cause de raids aériens, les gens se sont mis à faire des stocks et à vider les magasins.

10 heures Mamie et moi, on veut quitter Kharkiv pour partir dans l'ouest de l'Ukraine, loin de la frontière russe. On appelle tous ceux qui pourraient nous y aider. Ils nous disent de ne rien tenter pour l'instant. Plusieurs de mes amis vont à Dnipro ou à Poltava dans un premier temps, et à partir de là, ils continueront vers l'ouest.

Inna a vu beaucoup de voitures quitter la ville. « Enfants à bord » est écrit partout sur la carrosserie et les vitres.

On raconte que les sièges ont été retirés des trains qui évacuent les gens. Trente à quarante heures debout. On a décidé de rester à Kharkiv pour l'instant.

13 heures Après réflexion, on s'est dit qu'on devrait partir pour Lviv[15], parce qu'une rumeur effrayante circule : ils pourraient commencer à purger la ville en quelques jours pour forcer une reddition rapide. J'ai passé la moitié de la journée à essayer d'appeler une compagnie de taxi, mais chaque fois qu'ils décrochaient, ça coupait. Maman nous a envoyé plein de numéros de téléphone de chauffeurs à Kharkiv, mais personne ne répondait. J'ai réussi à en joindre un qui a accepté de nous emmener à la gare, mais pas avant deux jours. Un autre a décroché, mais ça a coupé.

15. Lviv est la plus grande ville de l'ouest de l'Ukraine et un des plus importants centres culturels du pays.

Les messages que j'ai envoyés à papa et maman pour qu'ils nous aident ne partent pas.

15 heures Je suis très déprimée. Je me répète en boucle « on est condamnées, j'ai peur ». J'ai arrêté de parler et j'ai l'impression que je n'arriverai plus jamais à sourire. Alors, j'ai eu l'idée de recommencer à peindre mon ange façon Gapchinska. Et ça m'a aidée à me sentir mieux. Je ne perds pas espoir. Je continue à prier pour qu'on arrive à aller à Lviv, ou même à l'étranger. On fait tout ce qu'il faut pour ça. En ce moment, c'est le couvre-feu, on ne peut pas aller tout de suite à la gare du sud.

20 heures Alors qu'on priait pour quitter la ville, la chance s'est présentée à nous. Lukyia, la fille d'Inna, nous a envoyé les numéros de téléphone de deux volontaires de la Croix-Rouge. On a réussi à en joindre un qui a accepté de venir nous chercher d'ici quinze minutes pour nous emmener à Dnipro. Quel soulagement ! On a rassemblé nos affaires et on l'a attendu dehors. J'ai dû laisser dans la maison ma peinture de l'ange. Dommage. Il me restait une partie de sa robe à terminer. Inna est venue nous dire au revoir, elle ne part pas avec nous. Soudain, elle s'est précipitée dans la maison et nous a dit de ne pas l'attendre si les volontaires de la Croix-Rouge arrivaient. On a entendu des explosions. On se demandait si la voiture trouverait la maison. On était très nerveuses. On suppliait Dieu de nous aider. On a reçu un appel des volontaires, Todor et Oleh, mais Inna était toujours à l'intérieur. Je ne savais pas comment leur indiquer la route, mais tout d'un coup, j'ai vu une voiture avec une croix rouge dessus. C'étaient eux ! On est montées dans la voiture à pile 16 h 50. Mamie leur a demandé de faire le tour de la maison pour dire au revoir à Inna, mais elle nous avait devancées. Elle accourait déjà vers nous. Elle avait changé d'avis : elle nous accompagnait à Dnipro ! Elle a de la famille là-bas et on ira chez eux. Inna n'a rien pris avec elle, juste son passeport. C'est pour le chercher qu'elle était retournée chez elle.

On a démarré. Sur le chemin, on a passé douze checkpoints, certains surveillés par des militaires, mais la plupart par de simples citoyens volontaires. À l'approche de Dnipro, la circulation s'est accrue avec de longues files de voitures sur des kilomètres essayant d'entrer dans la ville. On les a contournées. La nuit tombait et il s'est mis à pleuvoir. On est entrés dans la ville. Le calme qui y régnait m'a fait du bien. Les immeubles étaient intacts, le ciel paisible. Que demander de plus ?

On a remercié Todor et Oleh de nous avoir déposées en lieu sûr. Ils n'ont pas voulu qu'on les paie et on s'est séparés.

Les gentils volontaires de la Croix-Rouge qui nous ont secourues.

On est allées chez la famille d'Inna. J'étais heureuse. Un joli parc s'étendait derrière nous de l'autre côté de la route. Dans l'appartement, on a raconté à tout le monde ce qu'on avait traversé. J'ai mis beaucoup de temps à me détendre.

On veut toujours partir à l'ouest, mais on y pensera demain. Pour le moment, on veut juste profiter d'une nuit tranquille dans la famille d'Inna.

12 h 32
Tykhon
On est en route vers la Pologne. Ensuite, l'Allemagne ou le Danemark ou le Canada

12 h 54
Nadya
Tu as de la famille là-bas ?

14 h 06
Tykhon
Oui, ma sœur, et mon cousin est aussi en Pologne

19 h 46
Nadya
Tu as pris le chat ?

20 h 01
Tykhon
Non

20 h 35
Yeva
Salut tout le monde. Je vais à Dnipro

21 h 43
Dyana
Hello, avec mes parents et mon chien, on quitte Velyka Danylivka qui a été bombardé il y a deux jours

21 h 43
Dyana
Yeva, pour toujours ? Ou juste pour la durée de la guerre ?

21 h 43
Dyana
Tu es à Kharkiv, Ella ?

21 h 43
☼ Ella ☼
Non

21 h 43
Dyana
T'es où, alors ?

21 h 43
☼ Ella ☼
À Lviv

21 h 45
Dyana
Ah, OK. Apparemment,
il n'y a pas de tirs là-bas.
Juste des sirènes constamment.
C'est vrai ?

21 h 46
☼ Ella ☼
Oui, c'est calme. Juste les sirènes, cinq fois par jour

21 h 48
Yeva
Dyana, pour l'instant en tout cas

22 h 38
Davyd
Qui est où ?

22 h 43
Kyrylo
Je pars en Pologne demain

22 h 43
Kyrylo
Et je vais devenir polonais

22 h 59
Yeva
Contente pour toi

22 h 59
Yeva
On se retrouvera peut-être là-bas

3 mars 2022

« La première ville est tombée
aux mains des Russes »

The Daily Telegraph

« Bienvenue en enfer »

i newspaper

« Poutine promet “des combats sans concession”
alors que la guerre en Ukraine
entre dans sa deuxième semaine »

Kyiv Post

« Plus d’un million de réfugiés fuient l’Ukraine
dans l’exode le plus rapide de ce siècle »

The Daily Telegraph

« L’Irlande soutient la décision de l’Union
européenne d’offrir un sanctuaire
à tous les Ukrainiens »

The Irish Times

Jour 8

Nouvelle sidérante • En route ! • De belles herbes • On s'arrête et on commence

Quand je me suis réveillée, j'étais persuadée qu'il ne s'était rien passé pendant la nuit, mais on m'a dit qu'il y a eu des bombardements loin d'ici.

Mamie a reçu un message d'une de ses amies, l'informant que son mari s'était fait tuer. Il était sorti chercher de l'eau à une source et *BIM !* une bombe à sous-munitions. Les fragments ont découpé son corps. Sa jambe a été pulvérisée. Il avait quarante-sept ans. C'était un homme bon et un père aimant. On lui a parlé quelques jours plus tôt et aujourd'hui, il est parti. C'est effrayant. On est sous le choc.

11 heures On avait besoin de retirer de l'argent et de faire quelques courses. J'ai proposé d'y aller.

Quand je suis rentrée, on m'a dit qu'on allait à la gare prendre un train vers l'ouest.

Nos hôtes ont appelé un taxi pour nous. On n'a

pas eu à attendre très longtemps. On a pris congé. Inna reste avec sa famille. Elle nous a dit que tout irait bien, on espère qu'on se reverra. Elle m'a aussi invitée à revenir pour finir mon ange. Un jour peut-être, après la guerre. On s'est souhaité bonne chance. Dans le taxi, on a parlé au chauffeur. Il nous a raconté qu'il vient de Donetsk[16]. On lui a demandé combien coûterait la course. Il nous a dit que ce serait gratuit. Les gens ici sont tellement gentils.

On est arrivées à la gare. À l'intérieur, on a essayé de comprendre ce qu'on devrait faire, mais personne ne semblait savoir.

Soudain, il y a eu une annonce.

– Attention, raid aérien. Mettez-vous à l'abri.

On s'est élancées vers le souterrain entre les quais. Ma grand-mère a demandé des conseils à une jeune femme. C'était une volontaire prénommée Rada. Elle a proposé de nous aider.

Elle nous a indiqué un train pour Trouskavets (à côté de Lviv) à 14 heures. On allait essayer de le prendre.

La sirène a fini par s'arrêter et Rada nous a emmenées dans la salle d'attente. On a tenté de raconter aux gens qui s'y trouvaient ce qu'on avait traversé. Mais ils habitaient là et avaient du mal à comprendre la gravité de la situation à Kharkiv.

16. Donetsk est une ville industrielle de l'est de l'Ukraine, située sur la rivière Kalmious dans la région disputée du Donbass.

On a mangé des biscuits avec du thé. À 13 heures, on a décidé de se préparer. Le train n'allait plus tarder.

Il a fini par arriver. Noyées dans une foule compacte, on a couru vers le quai. On a ensuite cherché notre voiture. Ça n'a pas été facile, mais on a réussi. Hourra !

Assise sur le bord de la fenêtre, j'ai attendu que le train parte et que les gens s'agglutinent à l'intérieur. Le train a tremblé et démarré. Ceux qui étaient restés sur le quai se sont remis à courir, sûrement pour en attraper un autre. Ils avaient raté celui-là, mais nous, nous étions dedans, en route vers l'ouest !

Le contrôleur m'a demandé de grimper sur la banquette du haut. Je lui ai obéi de bon cœur. Le voyage a été long, mais agréable. Je me suis liée d'amitié avec une fille prénommée Lera, on a passé la moitié de la journée à rire ensemble. Elle vient de Kharkiv et nous avons le même âge, alors on se comprend.

18 heures Le soleil se couche… J'essaie d'imaginer à quoi ressemblera l'endroit où on va, mais je n'y arrive pas.

8 h 11
Dyana
On est partis ce matin à 6 heures avec mes parents, on roule vers Lviv

9 h 06
Yeva
Faites un bon voyage

11 h 52
Kyrylo
Je serai à Lviv demain matin

11 h 53
Kyrylo
et en Pologne en fin d'après-midi

13 h 12
🔅 **Ella** 🔅
OK

13 h 13
🔅 **Ella** 🔅
Bonne chance sur la route 🍀

19 h 30
Nadya
Je reste à Kharkiv

19 h 34
Polyna ⚜
Les fenêtres de notre balcon ont explosé

19 h 37
😎 **Myron** 😎
Je suis parti

19 h 46
Nadya
On a été violemment bombardés

19 h 47
Nadya
Vraiment fort

19 h 47
Nadya
Ça fait peur

19 h 47
Nadya
Ça n'a jamais été aussi bruyant

19 h 50
Yeva
Nadya, tiens bon, ma belle. Tout ira bien, allonge-toi par terre, ou c'est peut-être plus sûr de descendre dans la cave

19 h 53
Nadya
Mes jambes ont failli me lâcher

20 h
Polyna ✯
Assieds-toi dans le couloir, c'est le mieux

20 h 31
Andrey
Et l'école

20 h 31
Andrey
?

20 h 32
Polyna ✯
Il y a des dégâts, je pense

20 h 32
Andrey
Elle est en feu, je crois, mais je ne suis pas sûr

23 h 33
Polyna ✯
Il y a une sirène à Lviv en ce moment même

Il fait nuit dehors. Lera s'enthousiasmait des étendues d'herbe par la fenêtre, et ça m'a fait rire.

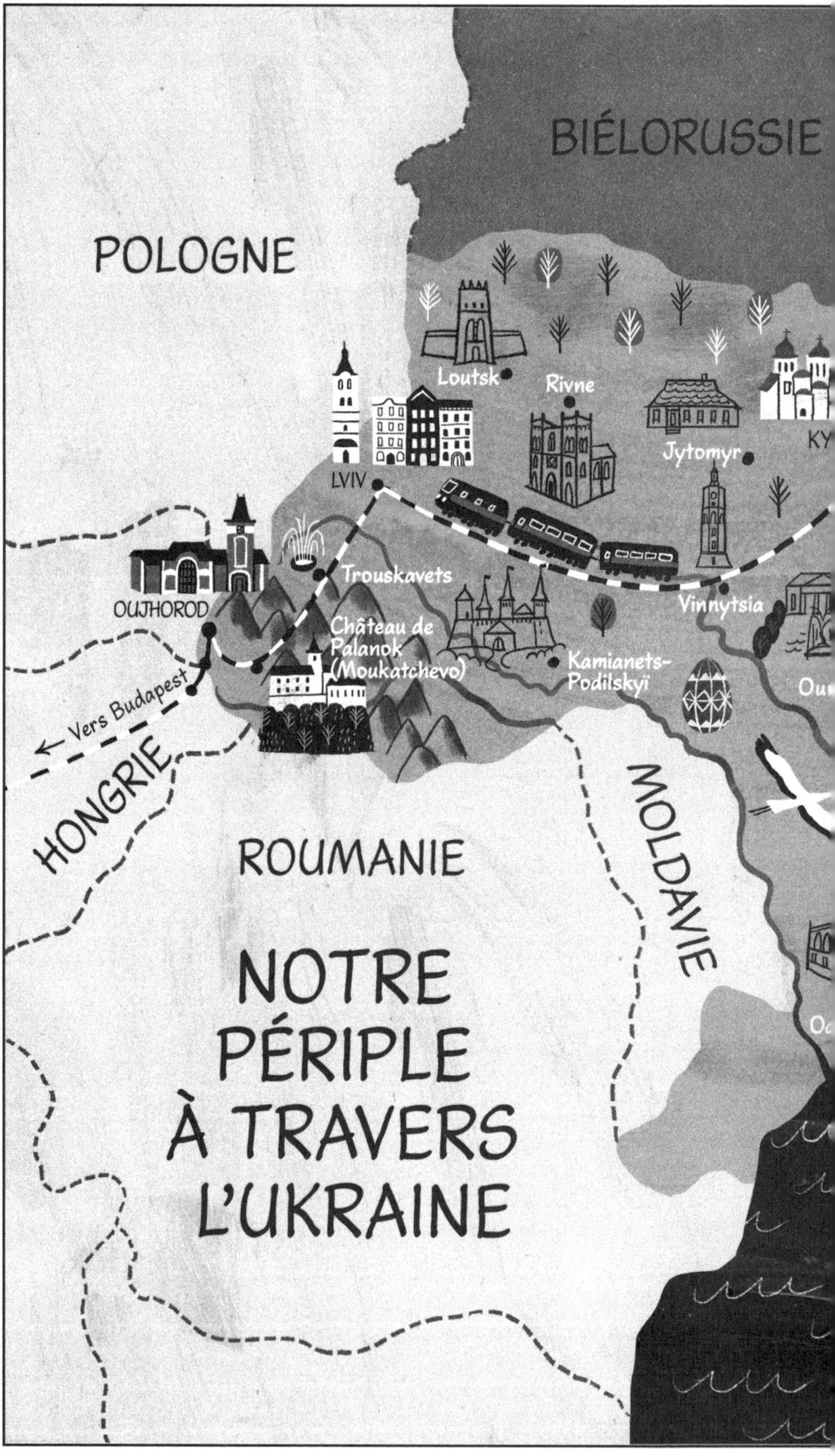

NOTRE PÉRIPLE À TRAVERS L'UKRAINE

RUSSIE
hernihiv
Batouryn
Soumy
UKRAINE
Vovtchansk
Pisochyn
Vyssokyi
Merefa
KHARKIV
Zmiiv
Poltava
Monastère de Sviatohirsk
Louhansk
DNIPRO
Donetsk
Zaporijia
Kryvyï Rih
Marioupol
Melitopol
Mykolaïv
Kherson
CRIMÉE

Certaines personnes cherchent à déterminer où elles vont se rendre et ce qu'elles vont faire ensuite, et d'autres admirent l'herbe. Hihi !

Notre voyage a été ponctué d'épisodes effrayants. Le train a souvent ralenti, parfois il s'arrêtait carrément. Les lumières se sont éteintes à plusieurs reprises. Chaque fois qu'elles se rallumaient, on entendait des soupirs de soulagement. Par moments, j'avais trop peur pour parler. Plus tard, mamie m'a avoué qu'elle avait vu des explosions au loin, mais elle ne m'a rien dit pour ne pas m'effrayer davantage. J'imagine que c'est pour ça que le train s'arrêtait. Le conducteur attendait le feu vert pour redémarrer.

On a longé Kyiv. Ça aussi, c'était effrayant.

4 mars 2022

« Ils essaient de rayer cette ville de la surface de la planète »

The Financial Times

« Avertissement glaçant de Poutine : "Le pire est encore à venir" »

The Daily Telegraph

« L'attaque russe sur les centrales nucléaires ukrainiennes inquiète les experts »

The Irish Times

« L'Ukraine appelle la Croix-Rouge à établir des couloirs humanitaires pour évacuer les civils assiégés »

Kyiv Post

« Les jeunes Ukrainiens interrompent leurs projets pour participer à l'effort de guerre »

The Irish Times

Jour 9

Où aller ? • C'est arrangé • Quel espoir pour nous ? • Un rendez-vous crucial

Je me suis réveillée à 6 heures du matin. Le train a pour nouveau terminus Oujhorod, tout à l'ouest de l'Ukraine – j'ai regardé sur la carte. On a d'abord décidé d'aller jusque-là, et puis on a hésité à accompagner ma nouvelle amie Lera et sa mère en Roumanie ou en Allemagne. Mais en fin de compte, on a préféré rester dans le train, parce qu'à Lviv on aurait à attendre trois heures un bus pour la frontière roumaine. Et on ne savait pas ce qu'on y ferait, si on y arrivait. Alors on a choisi de rester dans le train jusqu'au bout.

Lera et sa mère sont descendues à Lviv. On s'est dit au revoir en espérant se revoir à Kharkiv. Nous, on continuait vers Oujhorod à la frontière avec la Slovaquie et la Hongrie. On réfléchirait à la suite une fois sur place.

On longe le château de Moukatchevo.

Dans le train vers Oujhorod, mon journal sous la main.

8 heures Beaucoup de passagers sont descendus à Lviv, notre voiture était à moitié vide. On a changé de compartiment pour trouver une banquette du bas vacante.

Une contrôleuse nous a abordées. Elle nous a dit que plus tôt les Russes avaient occupé la centrale nucléaire de Zaporijia, la ville d'où elle vient. C'est la plus grande centrale d'Europe et une des dix plus grandes du monde. Son réacteur nucléaire est dix fois plus puissant que celui de Tchernobyl. S'il explose, il détruira tout autour de lui à des kilomètres à la ronde.

13 heures On a roulé pendant cinq heures – un voyage long et ennuyeux – avant d'arriver à Moukatchevo, dans l'ouest du pays. J'ai aperçu son château. Je l'ai pris en photo. L'été dernier, je suis venue ici en vacances, mais à présent je tentais de fuir la guerre.

15 heures On est arrivées à Oujhorod, et la première chose qu'on a faite en descendant du train, c'est essayer de manger quelque chose à la gare. Ensuite, on a dû se rendre au bureau qui attribue des logements. On nous a indiqué un bus vers une destination inconnue. Personne ne savait ce qui nous attendait.

J'ai pris conscience qu'on était devenues des réfugiées. On aura peut-être la chance d'être emmenées en Angleterre ou ailleurs en Europe et d'y vivre[17].

On est allées au bureau des enregistrements et des placements. On nous a donné un document avec une adresse et des volontaires nous y ont conduites en voiture.

18 heures L'adresse qu'on nous a donnée est une école. Quand on est entrées, un homme nous a suivies et nous a saluées dans une langue que j'ai d'abord prise pour de l'allemand, mais en fait, j'ai compris qu'il parlait anglais. Il voulait me poser une question, mais je lui ai dit que je ne pouvais pas parler pour l'instant. Je ne savais pas ce qui se passait.

On a été accueillies par Myna. C'est la responsable et elle nous a expliqué où on était et nous a fait faire le tour de l'école. Pendant ce temps, l'homme nous filmait.

J'étais très mal à l'aise, décontenancée. Je sentais la tension, le stress intenable de la situation. Il fallait que je trouve quelque chose à faire. Il fallait que je comprenne où j'étais, ce que j'étais devenue, ce qui se passait dans le monde.

Pourquoi étais-je désormais supposée dormir sur un matelas dans un gymnase plutôt que dans mon

17. Même si l'Ukraine fait géographiquement partie de l'Europe, plusieurs pays qui appartenaient à l'Union soviétique ne se considèrent pas comme européens, à cause des différences culturelles.

lit douillet ? Où allais-je me laver ? Il n'y avait pas de baignoire ici. Je voulais retourner au collège, *mon collège*, revoir mes amis. Je me sentais anesthésiée.

20 heures Alors qu'on visitait l'école et que je tentais de me calmer, ma grand-mère a confié à l'homme qui me filmait que j'écrivais un livre. Comment elle s'est débrouillée alors qu'il ne parlait pas russe est un mystère pour moi... Ça a éveillé son intérêt. Je me suis approchée pour dire bonjour. Il s'appelait Flavian et travaillait pour Channel 4, une chaîne de télé anglaise.

Je lui ai raconté tout ce qui m'était arrivé. Il m'a demandé s'il pouvait me filmer.

Pendant qu'ils cherchaient une pièce pour l'interview, j'ai discuté avec Flavian et appris qu'il était français. Comme il n'y avait aucun lieu isolé, Flavian m'a filmée devant tout le monde pendant que je lisais mon journal. Ensuite, Paraic, un reporter irlandais qui travaillait aussi pour Channel 4, m'a posé quelques questions.

On leur a demandé de nous aider à quitter le pays ou à trouver un endroit pour vivre. Ils nous ont promis de voir ce qu'ils pouvaient pour nous. J'espérais qu'ils tiendraient parole.

Une cinquantaine d'autres personnes occupaient le gymnase de l'école.

22 heures On m'a montré mon lit. Maintenant, j'allais essayer de dormir.

5 mars 2022

« Catastrophe nucléaire évitée de peu »

The Guardian

« Les Russes s'emparent de la plus grande centrale nucléaire d'Europe et avancent dans le sud, alors que les Ukrainiens fuient en masse »

The New York Times

« De nouvelles frappes aériennes signalées en Ukraine »

BBC

« La guerre en Ukraine aura "de sérieuses conséquences sur l'économie mondiale", prévient le FMI »

CNN

« Les athlètes ukrainiens commencent les Jeux paralympiques avec sept médailles »

Kyiv Post

Jour 10

Kharkiv me manque • Notre histoire • Je ne me sens pas bien

Hier je n'étais pas dans mon état normal, mais au réveil ça allait mieux.

La situation à Kharkiv est très mauvaise. C'est difficile de comprendre tout ce qui se passe. L'armée ukrainienne a demandé à certains de nos amis de quitter les caves de leurs immeubles, parce qu'ils n'y sont plus en sécurité. Ils sont montés à bord de camions. Je ne sais pas où ils vont être emmenés. Personne ne le sait. Au centre-ville, peut-être.

La moitié du bâtiment de l'amie de mamie a été détruite. Tous ceux qu'on connaît à Kharkiv veulent quitter la ville. Ils ont enfin compris qu'ils risquent leur vie en y restant. Mais il est plus difficile d'en sortir dorénavant.

J'ai appelé Olha. Elle est à Dnipro maintenant. Apparemment, c'est calme là-bas.

14 heures Les reporters sont revenus. Je leur parle et je traduis pour ma grand-mère. On leur raconte les premiers jours de la guerre.

On nous a emmenées visiter le centre-ville.

Tous les bâtiments, tous les monuments me rappellent Kharkiv. En voyant les ponts qui dominent les magnifiques panoramas, j'ai mal au cœur pour ma ville. Kharkiv est, ou était, beaucoup plus belle que Oujhorod. Mais le chocolat ici est quand même bon. On a acheté un nouveau chargeur de portable maintenant que je ne peux plus emprunter celui d'Inna.

Quand on est revenues dans l'école, je me sentais affreusement triste. Mais j'essaie de garder le moral.

Interviewée par l'équipe de Channel 4.

6 mars 2022

« Les Russes recommencent à bombarder malgré le cessez-le-feu négocié et empêchent l'évacuation des civils pour la deuxième journée consécutive »

The Irish Times

« Des milliers de personnes manifestent contre la "barbarie" dans la guerre en Ukraine »

The Independent

« Plus d'un million et demi de personnes fuient la guerre en Ukraine »

Kyiv Post

« L'Ukraine suspend ses exportations de certains aliments devant le risque de pénurie alimentaire »

CNN

« "Nous savons ce qu'est la guerre" : les Polonais se ruent au secours des réfugiés ukrainiens »

The Guardian

Jour 11

Une journée ensoleillée • C'est une belle ville • Une promenade le long de la rivière Ouj

La matinée s'est passée sans incident. On s'est réveillées, on s'est préparées et on est allées se balader au centre-ville. Je suis en train de tomber amoureuse de cette ville. Surtout la promenade le long de la rivière Ouj !

On a bien profité de notre journée. J'ai appelé mon amie Khrystyna et on a passé une demi-heure à discuter. Puis j'ai reçu un appel de Freddie, un producteur qui travaille pour Channel 4. Ils veulent réaliser un petit film sur nous, alors je leur ai dit où on était.

On a tourné un reportage pour la chaîne et ils m'ont demandé d'appeler une de mes amies. Comme Olha ne répondait pas, j'ai pensé à Khrystyna et je me suis dit que ce serait sympa qu'ils l'interviewent elle aussi. Après avoir demandé la permission à sa mère, on a commencé à filmer.

Elle est à Kharkiv. Quel courage ! Khrystyna leur a raconté ce qu'elle fait pendant les bombardements. Avec sa famille, ils attendent dans leur couloir. Par moments, je lui servais d'interprète.

Et après le tournage, on est revenues dans l'école.

7 mars 2022

« Le “barbare” Poutine fait régner la terreur »

The Daily Telegraph

« Les familles fuient pour échapper à la mort »

The Times

« La Russie frappe l’Ukraine depuis le ciel, la terre et la mer. Les civils pris au piège »

Kyiv Post

« Sauve qui peut »

Metro

« “La chute dans le vide” : des familles ukrainiennes dans la douleur de la séparation »

The New York Times

Jour 12

Une nouvelle rencontre • Obtenir un passeport est impossible

On a discuté de ce que nous devrions faire maintenant. On ne pouvait pas rester ici. Les vacances se terminaient bientôt et il n'y avait aucun logement libre à louer. On a décidé de quitter l'Ukraine. Mais pour ça, mamie devait se procurer un nouveau passeport parce qu'elle a laissé le sien dans son appartement.

On est allées au centre pour réfugiés, le Sovyne Hnizdo. Le service des passeports avait été transformé en hôpital de fortune pour les malades du Covid. Quelqu'un nous a aidées à appeler la hotline, mais ils nous ont expliqué qu'ils ne traitaient plus aucune nouvelle demande avant la fin de la guerre. Voilà la triste situation… mais nous sommes déterminées à partir à l'étranger.

On est retournées en ville. À Dnipro, on avait retiré une grosse somme en liquide dans un distributeur, mais comme nous ne pouvons pas la dépenser pour un logement, on voulait la remettre sur notre compte. Pas de chance : les banques n'acceptent plus la monnaie ukrainienne. Alors on a échangé nos hryvni[18] contre des euros, même si le taux est plutôt mauvais. Je peux acheter un euro avec 43 hryvni, mais si je vends un euro, je n'obtiens que 38 hryvni. Avant, un euro valait 30 hryvni et la différence entre l'achat et la vente ne dépassait jamais une hryvnia.

On est retournées à l'école. Les reporters nous ont mis en contact avec leur collègue Nik. Au téléphone, on a longuement parlé avec l'aide de son interprète. Je lui ai confié que j'ignorais ce que nous allions faire à présent. Quitter l'Ukraine ou rester ?

Avant le coup de téléphone, un comédien était venu dans l'école, déguisé en ours polaire.

Tous les enfants ont dansé au rythme de sa musique.

---

18. La devise monétaire ukrainienne depuis le 2 septembre 1996. Le hryvnia se subdivise en 100 kopecks. Le pluriel de hryvnia est hryvni.

Un peu de divertissement au centre pour réfugiés d'Oujhorod.

LA HONGRIE

8 mars 2022

« Jour après jour, Kharkiv se transforme en ville fantôme »

Kyiv Post

« Très peu d'avancées dans les pourparlers entre la Russie et l'Ukraine tandis que Kyiv se prépare aux attaques »

The Irish Times

« Enfants malades forcés de fuir leurs lits d'hôpital par les bombardements de Poutine »

The Independent

« Mon mari est resté pour se battre… Nous retournerons à Kyiv pour fêter la victoire »

The Evening Standard

« Des milliers de personnes s'engagent à accueillir des réfugiés »

The Irish Examiner

Jour 13

On part • Notre nouvelle vie nous attend • Adieu !

Dès que je me suis réveillée, on s'est décidées pour la Hongrie. Mamie a entendu dire qu'à cause de la situation, les autorités hongroises fermaient parfois les yeux sur les formalités. Espérons qu'on aura de la chance et qu'ils nous laisseront passer même sans passeport.

On a téléphoné au père Emilio, un prêtre catholique d'Oujhorod, dont on a eu les coordonnées grâce aux journalistes. Père Emilio nous a donné le numéro d'un volontaire qui acceptait de venir nous chercher à l'école pour nous emmener à Tchop[19]. De là, on traverserait la frontière à Záhony.

– À quelle heure part le train ? lui avons-nous demandé.

– 10 h 25, a-t-il répondu.

19. Tchop est une ville de l'ouest de l'Ukraine, séparée de la ville hongroise de Záhony par la rivière Tisza.

– On y sera à temps ?

C'était dans moins d'une heure.

Il nous a dit de ne pas nous inquiéter. Il nous fallait trente minutes pour arriver à la gare. J'ai fait le tour de l'école à toute vitesse pour rassembler nos affaires. On a rappelé le volontaire qui nous a assuré qu'il arriverait d'ici quinze minutes.

On a fait nos adieux à Myna en la remerciant pour son accueil chaleureux. Notre voiture est arrivée et on s'est présentées au volontaire. Il s'appelle Arsenyi, il nous a conduites jusqu'à la gare de Tchop. Sur la route, on lui a raconté notre histoire. J'ai téléphoné aux journalistes. Ils nous attendaient à Záhony.

Quand on est arrivées à Tchop, Arsenyi nous a aidées à nous orienter dans la gare et à acheter nos billets. J'ai tout filmé. On s'est mises dans la file d'attente de la douane. Le train était en retard, il devait partir à 10 h 25, mais à midi seulement on a pu passer les contrôles.

On a présenté les documents aux douaniers, mais il nous en manquait un : l'autorisation de quitter le pays pour moi, signée par un parent.

Ma mère et moi, nous nous étions violemment disputées à ce sujet avant son départ en Turquie. Il était déjà question de guerre en Ukraine, mais elle ne croyait pas en l'invasion de la Russie. Ce papier est payant et elle ne voulait pas perdre son argent pour quelque chose dont on n'aurait de toute façon pas besoin.

On était bloquées, le temps que les autorités décident de notre sort. Les larmes aux yeux, on priait pour qu'ils nous laissent traverser la frontière vers la Hongrie. Et ils ont fini par accepter ! Ils nous ont dit que même si je n'avais pas d'autorisation signée par ma mère et que ma grand-mère n'avait pas son passeport, ils nous laisseraient passer parce que les lois habituelles ne s'appliquaient pas en temps de guerre. Heureusement, grâce à nos prières et notre foi en Dieu, on a eu gain de cause. J'étais aux anges !

Et on est montées dans le train. Hourra ! Mamie a trouvé une place assise, et moi, je suis restée debout. Après vingt minutes seulement, on avait quitté l'Ukraine pour la Hongrie ! On est arrivées à Záhony. On a attendu qu'on nous laisse descendre du train. Les passeports d'absolument tous les passagers ont été contrôlés. Je craignais qu'on nous redemande l'autorisation de sortie du territoire. Par la fenêtre, j'ai aperçu les journalistes sur le quai. Je leur ai fait signe et ils m'ont vue. Alors qu'on se dirigeait lentement vers les portes du train, j'ai vu Flavian sauter sur les voies pour filmer. C'était marrant.

Après un certain temps, entre une demi heure et une heure, notre tour est enfin arrivé. Ils ont vérifié nos papiers et on est passées ! Par chance, ils ne nous ont pas demandé l'autorisation.

On a retrouvé les journalistes avant de partir au bureau des enregistrements. Malheureusement, ils n'ont pas pu entrer avec nous. Dès que ma grand-mère a reçu son visa, valide pour trois mois, on les a rejoints. Une dame nous a distribué des billets comme si c'étaient des prospectus et on nous a fait monter dans le train en partance pour Budapest, la capitale de la Hongrie.

Pendant ce temps, mes copains continuaient d'envoyer des messages sur le groupe du collège. Tout le monde quittait le pays. Polyna était partie en Allemagne, Maryna était à Krementchouk, au centre de l'Ukraine, et Kyrylo, à la frontière polonaise.

Personne ne parlait anglais ou russe en Hongrie, à part peut-être quelques policiers et volontaires, mais sinon on n'entendait que du hongrois.

En approchant de Budapest, par la fenêtre du train, la ville m'a paru quelconque et banale. Rapidement, j'ai vu que j'avais complètement tort… Le train s'est arrêté sur le quai juste devant la gare. On est descendues, sous le choc. Keleti est une gare magnifique avec des colonnes géantes qui soutiennent l'énorme toit en verre. Les reporters m'ont filmée alors que j'entrais dans le bâtiment principal, éblouie par les statues le long des murs. Des volontaires distribuaient des produits de première nécessité. On a réussi à se procurer du dentifrice, des brosses à dents et de la nourriture.

Quand on est sorties de la gare, on a visité un peu la ville. Quelle merveille ! Je ne le redirai jamais assez, Budapest est magnifique ! Un grand centre commercial, de vieux immeubles, des passants, des voitures. Je n'arrivais pas à contenir mon émotion.

Je suis en Europe ! Pour la première fois de ma vie !

Les journalistes nous avaient réservé une voiture. On a dû s'y prendre à plusieurs fois pour traverser la rue et la rejoindre, et chaque fois il a fallu que mamie et Paraic attendent sur le terre-plein parce qu'ils n'arrivaient pas à suivre. C'était marrant.

C'est Piotr, un chauffeur d'origine polonaise, qui est venu nous chercher, on a quitté les reporters en se promettant de se retrouver le lendemain. Piotr nous a alors emmenées chez des gens qui ont accepté de nous accueillir dans leur appartement pendant quelque temps.

Une nuit enchantée sur le Danube avec l'équipe de Channel 4.

On a roulé jusqu'à l'autre bout de la ville. Certaines rues m'ont rappelé Kharkiv et ses vieux temples. En approchant du pont suspendu Széchenyi lánchíd qui enjambe le Danube, la vue était magnifique, un vrai conte de fées. Le fleuve est incroyable. Un enchantement, avec les lumières de la ville qui lui confèrent une atmosphère romantique. Des bâtiments somptueux bordent le Danube de chaque côté : le palais de Budavár, le Parlement hongrois et tellement d'autres. Je suis restée sans voix. Je me répétais en boucle dans ma tête : « Ça, c'est l'Europe ! »

Piotr nous a expliqué comment Budapest a été baptisée. Selon lui, Pest vient du fait qu'il y a beaucoup d'épiceries ici. Et Buda a été nommé ainsi parce qu'il y a un château de ce côté du fleuve[20].

21 heures On a rencontré notre nouvel hôte, Attila. Il était heureux de nous accueillir. Il nous a montré notre chambre, la douche et la cuisine et nous a invitées à faire comme chez nous. Il nous a laissées nous reposer en nous disant qu'on se parlerait davantage le lendemain. Il était vraiment gentil.

Je pense qu'une grosse journée nous attend demain. Mais pour l'heure, je m'écroule épuisée.

20. En réalité, Budapest est la fusion des deux villes situées de chaque côté du Danube, Obuda et Pest. En hongrois, « Buda » veut dire « eau » et « Pest », « fourneau ».

9 mars 2022

« Après deux semaines de guerre en Ukraine, les Russes ralentis mais pas arrêtés »

The Independent

« Près de 35 000 personnes sauvées grâce aux couloirs humanitaires, selon Zelensky »

CNN

« Zelensky : une zone d'exclusion aérienne est nécessaire pour éviter une catastrophe humanitaire »

Kyiv Post

« "Coup dur pour Poutine" : l'Angleterre et les États-Unis interdisent l'importation de pétrole russe »

The Guardian

« On ne se rendra JAMAIS »

The Daily Mirror

Jour 14

Plus de nouvelles connaissances • Une ville à explorer • Une soirée inoubliable

Je me suis réveillée à 8 h 30. C'est la première fois que je dormais une nuit entière depuis l'invasion. Je suis restée à somnoler, un sourire aux lèvres, en pensant à la veille.

J'ai raconté à Attila ce qui s'est passé à Kharkiv et comment on est arrivées ici.

Là, on voulait explorer notre nouvel environnement. Au fait, on habitait quasiment au centre-ville. L'immeuble d'Attila a une architecture surprenante. La porte d'entrée de l'appartement donne sur un long balcon surplombant une petite cour. Attila a pris des photos de nous juste à ce moment-là. Il est photographe.

Les reporters m'ont présenté Delara et Tom, leurs collègues de Channel 4. Je leur ai parlé au téléphone et on va les voir. J'ai hâte !

On a attendu. J'arpentais l'appartement à bout de patience, pressée de les rencontrer. Et soudain la sonnerie de l'interphone a retenti. C'étaient eux. Je me suis dépêchée d'aller répondre, mais je me suis perdue en chemin ! Après quelques minutes, j'ai retrouvé la porte d'entrée. On s'est présentés et je les ai guidés dans l'appartement. On a commencé à discuter. Je leur ai raconté toute mon histoire, depuis le début. Les autres reporters de Channel 4 nous ont ensuite rejoints. Je leur ai ouvert la porte, sans me perdre cette fois, et on a enregistré une interview. Ils partent en Moldavie. Dommage. Ce sont Delara et Tom qui vont nous suivre maintenant. Je leur ai souhaité un bon voyage. Ils vont me manquer.

Après leur départ, ma grand-mère et moi sommes allées nous balader le long de la rivière. Malgré notre plan de la ville, on n'était pas sûres de trouver notre chemin, alors on a demandé à une jeune Hongroise, mais elle parlait à peine anglais. J'ai utilisé une application de traduction pour communiquer avec elle, ça n'a pas suffi, on n'a pas compris. On a continué et demandé à d'autres personnes. Elles ne se sont même pas arrêtées pour nous répondre. Quelle discrimination !

On s'est rabattues sur le parc à côté de notre appartement. Après la promenade, on voulait trouver une pharmacie. Heureusement, on a croisé une autre fille qui parlait anglais. Elle nous a emmenées, mais en réalité, c'était un laboratoire médical. Elle a tenté de nous indiquer la route vers la pharmacie la plus proche, mais encore une fois, on n'a rien compris. J'ai oublié de dire que les sirènes des ambulances, des camions de pompiers et des voitures de police sont assourdissantes ici, à Budapest. Vous pourriez baisser un peu le son !

J'ai alors reçu un appel de Delara qui nous invitait à faire un tour de bateau sur le Danube. On était ravies ! On a accepté sans hésiter. Ils viennent nous chercher à 19 h 45. Enfin, un peu de tourisme !

19 h 46 La sonnerie a retenti et en courant ouvrir la porte, j'ai trébuché. On est montées dans un taxi qui nous a fait traverser le centre-ville pour nous emmener jusqu'au bateau.

Au bout d'un certain temps, on a embarqué. Fièrement, je suis montée sur la passerelle et on a grimpé jusqu'au pont supérieur. Le bateau a commencé à bouger. On a descendu le fleuve. Je suis sortie à l'air frais alors qu'on longeait le Parlement hongrois. C'était magnifique. Je n'ai jamais vu la Maison-Blanche, mais je suis sûre que ce bâtiment est mille fois plus beau. Incroyablement grand, on dirait un palais. Le drapeau hongrois flottait sur le toit et la lumière qui l'éclairait la nuit lui donnait unc touche romantique. On est passées ensuite sous des ponts, on a admiré le château et la ville dans toute sa splendeur. J'étais fascinée.

On a filmé une interview pendant le trajet et l'émotion que je ressentais a failli m'étouffer. Le bateau a fait demi-tour. J'ai profité de chaque instant.

On a débarqué et on est rentrées à l'appartement. J'ai remercié Tom et Delara pour cette soirée magique. J'étais tellement fatiguée qu'à notre retour, je me suis écroulée sur mon lit et me suis profondément endormie.

10 mars 2022

« “Génocide” : la Russie bombarde un hôpital pour enfants »

The Guardian

« Ils font bouillir de la neige pour avoir de l'eau, la mort règne, omniprésente »

The New York Times

« “Aucun progrès” après la rencontre entre les ministres des Affaires étrangères russe et ukrainien pour la première fois depuis l'invasion »

The Week

« La crise en Ukraine accroît les craintes de pénurie alimentaire dans le monde »

The Scotsman

« Le maire Klitschko : “La moitié de la population de Kyiv a fui” »

Kyiv Post

Jour 15

Une promenade dans le parc de Budapest • Rencontre avec de nouvelles personnes

Pendant la nuit, des réfugiés d'Odessa[21] sont arrivés pour dormir dans l'appartement. Et d'autres encore le lendemain matin.

Delara et Tom allaient venir plus tard, pour que je leur lise mon journal. J'avais hâte de les voir. Le reste de l'équipe de Channel 4 était déjà en Moldavie.

On est allées se promener, et cette fois, on s'est senties plus à l'aise, mamie et moi. On a marché dans le parc. La journée était chaude et ensoleillée.

Après notre balade, Tom et Delara sont venus me filmer à l'appartement pendant que je lisais mon journal.

Tous les jours, j'écrivais à mes amis, ou je les appelais. Je les interrogeais sur la situation à Kharkiv.

---

21. Odessa est une ville portuaire du sud-ouest de l'Ukraine, sur la mer Noire.

Je parlais aussi avec mamie Zyna et papi Yosip qui y étaient toujours.

Demain allait être un grand jour. J'avais un secret, que je gardais depuis qu'on a rencontré les reporters. Demain, je révélerai tout…

L'IRLANDE

Dublin
EUROP
Légende
Voiture
Train
Avion

NOTRE PÉRIPLE

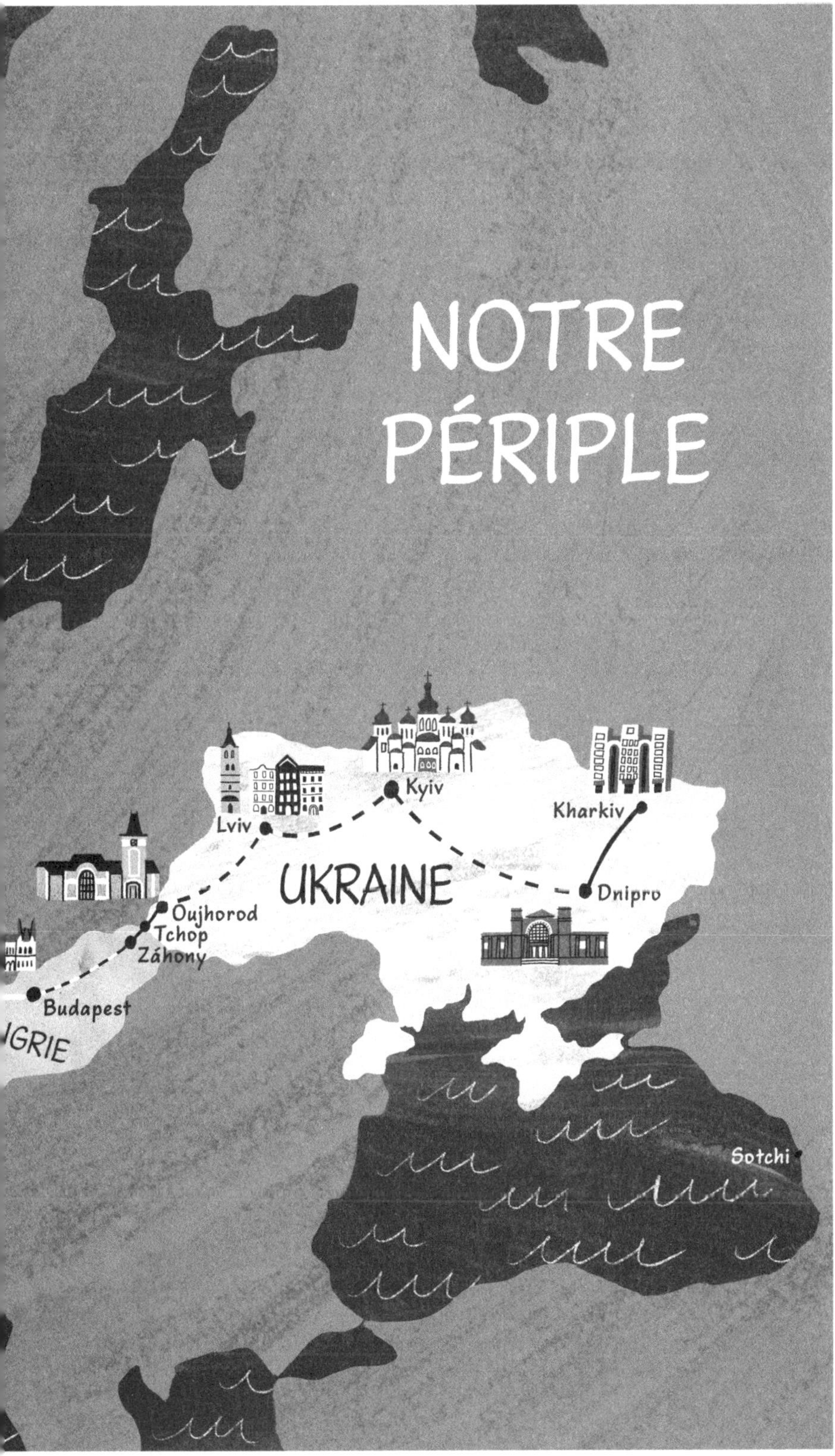

Jour 16

Je prends l'avion • La ruse a fonctionné • Quelqu'un nous attend

Aujourd'hui, jc pars pour Dublin, en Irlande ! Je l'avais gardé pour moi jusqu'à maintenant, alors je vais tout expliquer. Dès le premier jour de notre rencontre, j'ai demandé aux journalistes de nous aider à partir en Angleterre. Après trois jours environ, il est devenu évident que pour ça, il aurait fallu qu'on ait de la famille là-bas. Ils nous ont proposé plutôt l'Irlande ou la France. Il paraît que les Français ne sont pas très accueillants avec les immigrés, et on ne parle pas français, alors on a plutôt opté pour l'Irlande.

Au cours de nos conversations au téléphone, Nik nous a expliqué comment ça allait se dérouler et il nous a envoyé un document. Les reporters nous ont aidées avec les démarches à suivre et ce n'était pas par hasard si on s'était retrouvées à Budapest. On a reçu hier nos billets d'avion. Tom et Delara nous les ont montrés sur leurs portables.

On a décidé de sortir se balader dans le parc et de faire un tour dans un centre commercial. On y a retrouvé Tom et Delara et on a discuté autour d'un café. Au début, ils nous avaient dit qu'ils viendraient avec nous en Irlande, mais ils ne peuvent pas. Ils nous ont raccompagnées à l'appartement où on a commencé à faire nos valises. On s'est assises un moment, comme le veut la tradition : on doit s'interrompre dans ce qu'on fait et s'asseoir un instant dans le calme avant un départ en voyage.

On est arrivées à l'aéroport. Tout était déjà prêt pour nous. On nous a donné nos billets. À la sécurité, on a quitté les reporters. Ils nous ont dit de les contacter si besoin. On a passé les contrôles. Dans la salle d'embarquement, on s'est assises en attendant que la porte soit annoncée.

Après une heure, elle est apparue sur l'écran : B24. On a passé la douane, repéré notre porte et attendu encore.

Le vol était retardé. On était supposées décoller à 20 h 20.

On a patienté dans la queue pendant une demi-heure, avant que ça ne bouge enfin. Nos papiers ont été contrôlés et on nous a dit de mettre un masque. J'ai fouillé dans mes poches. Malgré la guerre, l'épidémie de Covid n'a pas disparu. J'ai commencé à paniquer parce que je ne trouvais pas de masque, mais heureusement, l'hôtesse m'en a tendu un. Et on a avancé lentement vers l'avion.

L'avion a mis longtemps à démarrer, mais dès que je l'ai senti remuer, j'ai commencé à filmer. Il a accéléré sur la piste et enfin s'est soulevé dans les airs ! C'était incroyable ! Je me sentais tellement heureuse de partir dans un pays sûr où des gens s'apprêtaient à m'accueillir.

Avant le décollage, j'avais appelé nos hôtes à Dublin, Catherine et son mari Gary. Ils seraient là à notre arrivée à l'aéroport. Le vol a pris deux heures et quarante minutes. J'étais si impatiente !

L'avion a enfin atterri. On était à Dublin ! J'ai rallumé mon portable. Il vibrait de tous les messages que j'avais reçus.

Je voulais répondre rapidement, mais je n'étais pas connectée à Internet.

On est descendues de l'avion pour traverser plusieurs longs couloirs. J'avais l'impression qu'on tournait en rond pour arriver à la douane. Et là, on a eu un problème avec le passeport de mamie, mais il a été réglé et elle a obtenu un visa pour rester quatre-vingt-dix jours. On réfléchira plus tard à la suite. Pour l'instant, on cherchait surtout à quitter l'aéroport et à retrouver la personne qui nous attendait…

On a demandé la direction de la sortie. On a traversé des portes derrière lesquelles une foule se massait pour nous voir. Il y avait des reporters de télévision, des amis et de la famille de nos hôtes, et aussi nos hôtes, Catherine et Gary. Quel accueil chaleureux ! Tout le monde nous enlaçait. J'étais très heureuse.

23 heures Puis on est allés chercher la voiture pour nous rendre à la maison. Les Irlandais sont vraiment gentils et sympathiques. Ils conduisent à gauche de la route !

3 heures Sur le trajet, j'ai appelé Channel 4 et j'ai remercié toute l'équipe pour leur aide et pour les hôtes incroyables qu'ils nous ont trouvés. Grâce à eux, on s'est tout de suite senties plus en sécurité.

On est arrivés très tard, vers minuit. Ils ont un chien qui s'appelle Buddy. Je lui ai fait plein de câlins. Nos hôtes nous ont fait faire le tour du propriétaire et ils nous ont montré notre chambre. J'ai reçu des tonnes de cadeaux : un nouveau pyjama, des accessoires de toilette, des vêtements de sport et des jouets. J'ai noté tout ça tout de suite, parce que j'étais tellement excitée que je n'arrivais pas à dormir !

Un accueil chaleureux à l'aéroport de Dublin. Mamie, Catherine et moi.

Mon nouvel ami irlandais !

12 mars 2022

« Yeva, une petite Ukrainienne de 12 ans,
est reçue à l'aéroport de Dublin
par sa famille d'accueil,
son journal de guerre à la main »

independent.ie

Jour 17

Un accueil chaleureux • Se sentir bien

C'est alors qu'a démarré une toute nouvelle journée dans un tout nouveau pays. J'ai rencontré nos voisins qui ont été très accueillants. On s'est pris dans les bras, ils étaient tellement heureux de nous rencontrer. Même si ma grand-mère ne parle pas anglais, elle a perçu la sincérité de ces gens. Certains nous ont apporté des fleurs, d'autres des cadeaux. Ça faisait chaud au cœur.

On a beaucoup parlé avec eux. Notre histoire les passionnait. Et une des voisines m'a demandé si je voulais jouer du piano chez elle. Ça m'a fait plaisir, même si je n'avais plus touché un instrument depuis près d'un mois. Au début, j'ai eu du mal à me rappeler comment on faisait, mais rapidement, la musique est revenue. Quel bonheur d'entendre à nouveau le son du piano. J'étais ravie de jouer quelques notes de musique classique.

19 heures Dans la soirée, d'autres voisins sont venus nous rendre visite. Ils ont une fille de mon âge qui s'appelle Nina. Elle m'a proposé de faire un peu de pâtisserie avec elle. J'adore faire des gâteaux, alors bien sûr, j'ai accepté ! On a pas mal papoté en mélangeant les ingrédients. On a mis les scones au four et on a fait une partie de Kimble, un jeu de plateau, avec sa mère. Et en plus, j'ai gagné !

Après, on a sorti les scones du four. Ils étaient vraiment magnifiques. Puis c'était l'heure de rentrer chez Catherine et Gary. Quelle magnifique soirée ! J'ai rapporté des scones. On s'est tous régalés. Ils étaient délicieux !

Je rejoue du piano après si longtemps.

Jour 18

L'interview • Visite d'une église ukrainienne • La mer d'Irlande

Ce matin, des journalistes irlandais ont enregistré une interview de moi qui va être diffusée le soir. Ce sera la première fois que je me verrai à la télé, mais ça ne m'enchante pas particulièrement. Au fond de moi, je pense surtout à mon pays. Au fond de moi, je souffre.

Après le passage des journalistes, on est allées à la messe à l'église catholique ukrainienne. On a prié pour nous et pour tous ceux qu'on aime à Kharkiv.

Gary est venu nous chercher avec Buddy ! Quelle joie qu'il ait pris son chien avec lui ! Il nous a proposé de nous balader sur la plage pour voir la mer d'Irlande. On a sauté sur l'occasion !

Quand on est arrivés, j'ai senti le vent fouetter mon visage et soulever mes cheveux. C'était marée basse, le sable s'étendait à l'infini devant nous. J'ai pris des photos. La mer était magnifique, à couper le souffle. J'étais emmitouflée dans une grosse doudoune chaude, mais les kitesurfeurs fonçaient dans les vagues sans se soucier du froid. J'étais subjuguée. Tel un miroir, l'eau reflétait le ciel. J'ai couru sur la plage, profitant de chaque instant. Que d'émotions ! Buddy était déchaîné, lui aussi, et j'essayais de l'attraper. On s'est bien amusés.

Ensuite, on s'est baladés en ville. Il y a des arbres plantés tout le long de la rivière. Et on pouvait courir sur les splendides pelouses, contrairement aux parcs de Kharkiv.

De retour à la maison, Buddy était complètement épuisé. Quelle journée magnifique !

Jour 20

Des nouvelles de Kharkiv • L'école de Gary • EPIC, le musée de l'immigration • Le livre de Kells

Hier, on a appelé mes autres grands-parents, mamie Zyna et papi Yosip. Ils nous ont dit qu'ils avaient changé de cave et se terraient quelque part sur l'avenue Haharina dans le sud de Kharkiv. C'est beaucoup plus confortable là-bas, avec des couchettes, des sanitaires et des équipements pour préparer à manger. Ça m'a soulagée parce que leur dernière cachette était un sous-sol humide et insalubre.

En allant chercher du pain, Marfa, une amie de mamie Iryna, a rencontré des volontaires qui distribuaient de l'aide humanitaire sous une tente. Le lendemain, quand elle est ressortie, il n'y avait plus personne. Tout avait été bombardé.

8 heures Catherine et Gary sont tous les deux enseignants. Aujourd'hui, je visite l'école de Gary.

J'ai rencontré ses élèves, des jeunes filles plus âgées que moi, mais on s'est quand même amusées.

Tout le groupe a ensuite quitté l'école pour aller en sortie scolaire. Nous sommes montés dans un train. Je regardais Dublin à travers les vitres. Ce qui est incroyable ici, c'est que l'immeuble le plus haut doit avoir cinq étages. Les rues sont typiquement européennes avec des bâtiments en brique rouge. Et j'ai été stupéfaite de constater que la ville n'avait pas de métro !

On a traversé un pont au-dessus du fleuve Liffey. C'était incroyable. Tous les ponts ont leurs particularités. Certains sont hauts, larges et conçus pour supporter le poids des voitures, d'autres sont petits et réservés aux piétons. On a arpenté la rue la plus célèbre de Dublin, Grafton Street, puis on a longé la rivière pour se rendre à l'EPIC, le musée de l'immigration irlandaise.

On restait tout le temps groupés, comme une volée d'oies.

Quand on est entrés dans le bâtiment en verre de l'EPIC, on nous a distribué nos pass, de petits carnets amusants avec un plan des expositions qu'on peut tamponner dès qu'on les a visitées. On a appris plein de choses sur l'histoire de l'Irlande, mais ça faisait beaucoup d'informations à assimiler et je n'ai pas réussi à tout comprendre. Des vidéos étaient projetées sur les murs. Il était question de politique, de famine, de guerres, de fêtes nationales, de plats traditionnels… Et de danse aussi. J'ai essayé de faire quelques pas. Sans me vanter, j'y arrivais plutôt bien !

Après le musée, on a rejoint Trinity College. Sur le chemin, j'étais éblouie par la beauté des rues et des magasins. Et dans la bibliothèque de l'université, on a vu le *Livre de Kells* qui contient les quatre évangiles du Nouveau Testament. Vieux de mille deux cents ans, il est très grand et écrit en latin. On n'a pas eu le droit de le prendre en photo. En haut d'un escalier, on est entrés dans une autre bibliothèque, tout en longueur. Sur deux niveaux, les étagères croulent sous les livres. Il y a sûrement les poèmes de Pouchkine (c'est le premier nom qui m'est venu à l'esprit, je ne sais pas pourquoi). Quelqu'un a lancé la musique de *Harry Potter* sur son portable, et tout de suite, je me suis imaginée à Poudlard.

Sur le chemin du retour vers la gare, j'ai vu un magnifique autobus, du même genre que ceux qu'on voit à Londres, mais plus coloré. Quand je suis enfin rentrée à la maison, j'étais tellement fatiguée que j'avais du mal à tenir debout. Je me suis écroulée, Buddy est venu se coucher sur moi, et je me suis profondément endormie.

Jour 21

L'école de Catherine • Danse irlandaise • Sviatohirsk est détruite

Je suis enchantée d'être ici, mais aujourd'hui, je ne peux contenir ma tristesse. Ma maison me manque, mes amis, mon collège.

Catherine m'a emmenée dans l'école où elle enseigne. Petit à petit, je me suis sentie moins triste et j'ai de nouveau esquissé quelques pas de danse irlandaise avec les élèves. Les leçons étaient sympas. À la récré, on est sortis dans une cour arborée. J'ai essayé de lire un livre en anglais à la bibliothèque, mais je n'ai pas compris grand-chose. J'ai dû me faire aider avec mon appli de traduction. Il va falloir que je m'améliore en anglais. Mais je ne m'en fais pas, je vais apprendre.

J'ai passé une excellente journée à Dublin, mais à Kharkiv et dans l'oblast de Donetsk, ça a été l'enfer.

Autrefois, il y avait un grand centre commercial à côté de mon collège, mais plus maintenant. Il a été détruit. On raconte que l'armée russe a commencé à utiliser des armes chimiques contre les survivants. C'est un vrai génocide contre le peuple ukrainien !

Sviatohirsk est une des plus belles villes d'Ukraine. Elle abrite un magnifique monastère. Je l'ai visité l'été dernier, j'étais ravie, profitant du bon temps. Aujourd'hui, la ville a été bombardée. Totalement détruite.

Jour 22

Les reporters anglais viennent nous voir • Ma première Saint-Patrick

Aujourd'hui, nos amis de Channel 4 sont venus à Dublin parce que c'est le jour de la Saint-Patrick. Je suis contente ! On va voir la parade. Je m'habille en vert, obligé !

Avec Catherine, on prépare des cupcakes avec du glaçage vert. J'y ai goûté et mes dents sont devenues vertes ! J'ai beaucoup hésité avant d'aller me les rebrosser.

Quand la sonnette a retenti, je me suis précipitée dans la salle de bains. Mes dents sont redevenues blanches. Ouf !

En revenant dans le couloir, j'ai vu Paraic et son équipe qui étaient là. On s'est pris dans les bras. Ils m'avaient manqué.

Pendant le défilé, ils m'ont filmée. Je me suis faufilée dans la foule pour mieux voir. Il y avait des soldats, des musiciens, des acrobates… Et aussi des gens déguisés en personnages célèbres de l'histoire et du folklore irlandais. On n'a reconnu personne. Ça viendra. J'étais fascinée, impatiente de découvrir toutes les surprises que nous réservait la parade.

À la fin, alors qu'on s'apprêtait à partir, impossible de retrouver Paraic. On s'est mis à sa recherche, et quand j'ai commencé à penser qu'on avait déjà ratissé tout le centre-ville en vain, il a réapparu.

On a vu aussi un couple drapé dans un drapeau ukrainien. On leur a parlé. Ils sont arrivés à Dublin depuis deux jours seulement. Je leur ai demandé avant tout s'il y avait beaucoup d'avions là où ils étaient et s'ils ont supporté le bruit affreux que ça faisait.

Ils ont répondu :

– Le premier jour, alors qu'on s'enfuyait, on a vu des avions voler au-dessus de nos têtes. Après ça, on est passés de pays en pays cinq fois, avant de décider de venir à Dublin.

On n'a pas discuté longtemps, mais tout m'est revenu, le bon comme le mauvais. Envahie par la douleur et le chagrin, j'avais les larmes aux yeux. Je me suis rappelé comment je priais en pleurant pour que ma maison soit épargnée par les bombes. J'ai pensé à Kharkiv et à tout ce qui avait été détruit.

Quand je suis montée dans le taxi, les larmes inondaient mon visage.

Je m'amuse à la parade de la Saint-Patrick à Dublin.

18 mars 2022

« Yeva, petite Ukrainienne de douze ans, compte parmi les millions de réfugiés contraints de fuir le pays après l'invasion russe. Elle a écrit un journal pendant son long périple qui s'achève à présent à Dublin, en toute sécurité »

Tweet de Channel 4

Jour 23

Promenade dans Dublin • Super zoo • Tellement de choses à voir

Aujourd'hui, on est allés au zoo. J'étais enthousiaste et très curieuse de voir à quoi ressemblait le zoo de Dublin.

On a rejoint un grand parc en voiture. Je me suis retenue de courir sur les pelouses. Le parc était immense et il nous faudrait toute la journée pour l'explorer. Le président de l'Irlande possède une maison quelque part dans le domaine, mais on ne l'a pas vue.

Aussi grand qu'il soit, le parc n'est que la partie émergée de l'iceberg. Le zoo est incroyable ! Les lémuriens sautent dans les arbres comme s'ils n'étaient pas en captivité. Ils ont tous des couleurs différentes : rouges, noirs ou gris. Le tigre nous narguait en se cachant derrière les arbres. On a dû attendre qu'il daigne bouger. Pendant ce temps, insouciants, les lions se prélassaient au soleil. Les otaries sortaient régulièrement la tête de l'eau, avant de replonger rapidement. Sept girafes, blotties les unes contre les autres, mâchonnaient des feuilles. Les gorilles discutaient sur leur île. On a failli se perdre dans une petite forêt de bambous en allant dans l'enclos des éléphants. Je n'en reviens toujours pas de la taille des rhinocéros.

Nous étions encore à mi-chemin quand c'est devenu vraiment magnifique. Une cascade artificielle qui miroitait dans le soleil se déversait dans un lac entouré d'une petite jungle. Des singes s'amusaient dans les arbres. Un petit pont enjambait le lac pour nous amener sur une île. J'avais envie de passer par-dessus la rambarde pour aller jouer avec les singes, mais j'étais trop fatiguée. Dommage… parce qu'on avait le droit ! À bout d'énergie, j'avais du mal à marcher. On n'a pas eu le temps de tout voir, mais ce qu'on a vu était magique.

Chaque jour qui passe, Dublin devient de plus en plus intéressante. De plus en plus enthousiasmante.

Jour 25

Le cœur lourd • Envie de pleurer • Les horreurs n'arrêtent pas

Je voudrais dédier ce que j'écris aujourd'hui dans mon journal à mes amis et ma famille encore en Ukraine. Notre amie Marfa nous a dit combien il lui était douloureux de raconter ce qu'était devenue Kharkiv.

Plusieurs immeubles à côté de l'hôpital ont pris feu. Les bureaux du réseau de chauffage urbain ont été rayés de la carte.

Anzhela, une autre amie de ma grand-mère, nous a envoyé une vidéo de l'école maternelle à côté de chez nous. Elle a été bombardée. Il n'y avait personne à l'intérieur. On espère que notre appartement existe encore.

Ma voisine est partie en Allemagne avec sa mère. Nelya, une amie de mamie, est en Pologne avec son fils. Mes grands-parents sont terrés dans une cave de l'avenue Haharina à Kharkiv. Ma tante et mon oncle sont à Poltava avec mon cousin.

On a appelé Motrona. Elle travaille dans une entreprise de pompes funèbres. Elle nous a raconté qu'ils ont été bombardés en plein milieu d'un enterrement. Elle craint pour sa vie.

Le château et le champ • La mer et les rochers de l'enfance de Gary

Depuis quelques jours, on est devenues de vraies touristes. Aujourd'hui, on a visité le château de Malahide ainsi qu'une jolie plage.

Sur le chemin, on s'est arrêtés dans un parc. Le ciel bleu brillait de différentes teintes et les nuages blancs flottaient paisiblement, comme dans un tableau. La pelouse verte était parfaitement tondue et tellement belle que je n'ai pas résisté à l'envie de courir dessus. Cet endroit avait un goût de liberté.

Après avoir garé la voiture, on s'est promenés dans une forêt de pins sur la route du château. Au loin, j'ai aperçu une de ses tours. On se serait cru au Moyen Âge. Au détour d'une allée, le château de Malahide est apparu devant nous dans toute sa splendeur. Il a été construit au XIIe siècle, mais il est encore très impressionnant. En me retournant, j'ai vu une large clairière derrière nous. J'ai couru avec Buddy en laisse. La pauvre bête trébuchait tout le temps pour suivre mon rythme. Je me suis écroulée dans l'herbe et je l'ai pris dans mes bras. Je me sentais libre.

Gary nous a proposé de nous emmener à la plage de Portmarnock, près de là où il a grandi.

Là-bas, l'eau couleur de ciel et la plage s'étendent à perte de vue. J'avais l'impression que les promeneurs marchaient dans les airs.

On a descendu quelques marches. C'était marée basse. De petites flaques reflétaient le soleil. On aurait dit qu'elles étaient couvertes de glace.

À la tombée du soir, le ciel se déclinait en lumières magnifiques. Une petite brise montait de la mer et les vagues s'écrasaient sur les rochers. Prise d'une envie d'aventure, je me suis mise à les escalader, mais ils étaient glissants. Au moment où je prenais un peu d'assurance, mamie m'a appelée pour une photo. J'étais déçue d'être montée si haut pour rien. J'ai contemplé l'horizon. Le bleu de l'eau, le mauve mêlé au rose du ciel. Incroyable. Je ne pouvais m'arrêter de tout admirer, mais il a fallu rentrer à la maison.

Toute cette beauté ne nous fait pas oublier notre pays. Chaque soir, on regarde les nouvelles de l'Ukraine et de Kharkiv. Les bombardements continuent. Les Grad et les missiles nous désespèrent. Ma famille se cache dans les abris. C'est horrible et effrayant quand on y pense.

La mer d'Irlande.

Jour 26

20 h 17
Yeva
Tu es en Ukraine ?

20 h 17
Evhen
Oui

20 h 17
Fylymon
Moi aussi

20 h 17
Evhen
Près de la frontière

20 h 18
Fylymon
Quelque part dans la région de Tcherkassy

20 h 28
Yeva
Moi, j'ai quitté le pays

20 h 28
Yeva
Je suis loin de la guerre

20 h 32
Fylymon
Tu reviendras un jour ?

20 h 32
Yeva
Je suis bien ici

20 h 33
Fylymon
T'es où ?

20 h 33
Yeva
Très, très loin

Jour 28

Un cri de l'âme • Triste pour Kharkiv

Ça fait un mois maintenant que la guerre a éclaté. Elle a causé tellement de souffrance à mes amis et à ma famille. À tout le monde. Combien de vies a-t-elle déjà volées ? Et combien en volera-t-elle encore ? Personne ne peut dire ce qui va se passer demain, ou dans une heure, ou même dans une minute…

Il vaut mieux que le moins de gens possible sachent ce qu'est la guerre, parce qu'ainsi le monde sera plus heureux. Il n'y a rien de pire que la guerre.

Tous les jours, mon cœur se brise quand je regarde ce qui se passe dans mon pays et dans ma ville. Ceux qui survivront ne seront plus jamais les mêmes. Ils continueront à savourer la vie, mais ce qu'ils apprécieront surtout, c'est de ne plus être en guerre.

Maintenant, ils savent et ils sauront jusqu'à leur dernier jour ce que ça fait de se réveiller au son des sirènes et des missiles qui tombent. Et ce que ça fait de prier pour leur maison, tous les jours. Aujourd'hui, elle tient encore debout, mais demain, une bombe risque de la pulvériser.

Tous les jours, de nouveaux immeubles sont touchés et détruits. Et je n'en peux plus de demander : « Pourquoi vous vous battez ? Qui va reconstruire tout ça et combien de temps ça prendra ? Pourquoi avoir commencé ce cauchemar ? » On vivait en paix et en harmonie !

Ce qui me fait le plus de peine, ce sont tous ces civils et ces enfants innocents qui se font tuer. L'armée russe lance ses bombes sans pitié et efface des villes entières de la surface de la planète.

Ce qui reste de chez moi. Le chagrin m'envahit quand je pense à Kharkiv.

Jour 33

La lettre • Gratitude

Le moment est venu pour nos reporters de se concentrer sur d'autres histoires. L'équipe de Channel 4 m'a envoyé un mail pour m'avertir qu'on n'aurait plus de leurs nouvelles bientôt. Ils partagent leur temps entre des témoignages et des sujets plus généraux. Ils sont heureux de nous savoir en sécurité. Ce n'est facile pour personne d'accepter qu'ils passent à autre chose, parce que ça donne l'impression qu'ils tournent simplement la page et abandonnent ceux qu'ils ont croisés sur leur chemin. Mais c'est absolument faux. Jamais ils ne nous oublieront… et nous non plus. J'espère que nous resterons amis pour toujours… Je leur ai envoyé une lettre en anglais :

Chers Paraic et toute l'équipe de Channel 4,

Vous êtes les gens les plus gentils que je connaisse sur cette terre. Vous avez changé notre vie, et je n'ose pas imaginer ce qui nous serait arrivé si on ne vous avait pas rencontrés. Vous nous avez sauvées de la guerre. Vous nous avez sauvé la vie. C'était un acte admirable que peu auraient osé accomplir dans les mêmes circonstances. Tous les problèmes que nous pourrions rencontrer désormais, nous serons capables de les régler et tout ira bien. Et merci aussi de m'avoir trouvé un bon agent littéraire. Je vais sans doute la rencontrer bientôt et mon journal trouvera un éditeur (sans vous, jamais je n'aurais même rêvé que ça puisse arriver). Je suis sûre qu'on restera amis pour toujours (même si on n'est pas tout le temps en contact). J'espère vraiment qu'on se reverra très vite.

Je vous envoie tous mes vœux. « Merci » me paraît un mot trop insignifiant à côté de tout ce que vous avez fait pour nous.

Yeva et Iryna

Paraic est allé à Kharkiv et nous a envoyé cette photo d'un missile planté dans un cratère à côté de mon immeuble.

Jour 34

Howth • Le phare

Cette excursion a changé tout ce que je pensais savoir sur les voyages. J'ai vu des palmiers aujourd'hui, et l'espace d'un instant, j'ai été transportée à Sotchi, la ville russe côtière sur la mer Noire où ma grand-mère a vécu. Ça m'a fait bizarre de voir ces arbres, comme si j'avais emporté un peu de Sotchi avec moi. J'y passais des étés entiers à barboter dans l'eau. Mais maintenant, la guerre a divisé la Russie et l'Ukraine. C'est tellement triste de me dire que j'ai été séparée de ma famille. Je souhaite tellement que ce cauchemar se termine et que la Russie et l'Ukraine vivent de nouveau en paix. Je veux retourner voir mon arrière-grand-mère.

Plus tard, on a pris un chemin sinueux jusqu'à la pointe de Howth. On est sortis de la voiture pour profiter de la vue magnifique sur la mer, puis on est redescendus. Le phare trônait fièrement au bout de la côte, entouré de falaises et frappé sans répit par la mer. Les vagues faisaient la course pour venir s'écraser sur les rochers. Et en silence, le phare veillait sur les bateaux qui passaient à l'horizon. Le temps était radieux. Pas un nuage dans le ciel. De là, on peut atteindre le pays de Galles, même si depuis notre poste d'observation, on aurait pu penser que la mer était infinie. Un horizon sans limites. Je me suis assise sur un petit rocher chaud et j'ai admiré le paysage… Quelle tristesse…

Jour 37

C'est la rentrée • Nouveaux profs, nouveaux camarades • Mon ancien collège me manque

Ma première vraie journée de classe dans un collège irlandais. J'étais surexcitée. Au saut du lit, j'ai enfilé mon nouvel uniforme. On est montés dans la voiture et on a traversé Dublin jusqu'au collège. La circulation était dense, mais alors qu'on traversait le pont je me suis rappelé la chance que j'avais d'être là. Dans une de ces petites voitures qui partaient au travail, comme les abeilles dans une ruche. Et le soleil invitait tout le monde à sortir de son lit. La ville s'animait.

L'école commençait à 8 h 30 et heureusement, je suis arrivée à l'heure ! Mes nouveaux camarades m'ont tous accueillie très gentiment. J'ai suivi tous les cours, hyper concentrée, les yeux rivés sur mon application de traduction. J'ai dû m'adapter au programme irlandais, et dans une langue étrangère, en plus. C'est un collège de filles, et je me suis déjà fait des amies. La journée était géniale et intense : tout en anglais, des nouveaux profs, des cours de tennis sur gazon, des pianos à queue sur lesquels j'allais pouvoir jouer, une bibliothèque immense. Et tout le campus est splendide. C'est incroyable !

Mes nouvelles copines et mes professeurs sont tous très sympas, mais mes amis me manquent. La guerre nous a obligés à nous éparpiller à travers le monde.

Les gens ont fui Kharkiv tous les jours. Notre amie Marfa ne fait pas exception. Depuis le début de la guerre, sa famille et elle n'ont pas arrêté de se déplacer d'une cave à une autre. Comme le petit soldat de plomb d'Andersen, ils se sont accrochés aussi longtemps qu'ils ont pu. Ils ne voulaient pas quitter leur ville. Tous les jours, ils espéraient que ça se termine. Mais tout a changé en un instant. Un missile s'est écrasé tout près de là où ils s'abritaient, tuant un enfant et projetant des corps tout autour. À présent, ils savaient qu'ils n'avaient plus le choix. Ils attendaient qu'une équipe de volontaires aide leur grande famille de sept à fuir Kharkiv pour aller à Dnipro.

Dans mon nouvel uniforme de collégienne.

Je ne supporte pas le mot « réfugié ». Je ne l'ai jamais aimé. Quand ma grand-mère a commencé à nous qualifier de réfugiés, je lui ai tout de suite demandé d'arrêter. Ça me faisait honte. Je viens de comprendre pourquoi. J'ai honte d'avouer que je n'ai plus de maison… C'est insupportable, et ce depuis le moment où on a dû quitter notre appartement pour descendre dans la cave. Je rêve qu'un jour on ait de nouveau un endroit à nous.

Jour 61

Nos affaires ont été déplacées • Chupapelya va bien • L'état de notre appartement

Les choses commencent enfin à se tasser, après deux longs mois de guerre ! Tout ce temps, notre appartement a tenu bon, pilonné des deux côtés, ses fenêtres brisées et sa porte explosée. Le pire, c'est que les combats ont continué, même pendant les fêtes de la Pâque orthodoxe. Ils n'ont aucune honte ! C'est insupportable !

Quand on s'est enfin décidées à déménager nos affaires de l'appartement, on a demandé de l'aide autour de nous.

Mamie a obtenu le numéro d'un certain Trofym. Il a promis d'aller chercher tout ce qu'on voudrait, même le chandelier. Il avait déjà déménagé des magasins entiers, des voitures, des appartements. Il fallait juste qu'on lui donne l'adresse et qu'on lui explique où déposer nos affaires. Il s'en chargerait aussi vite que possible.

Quand nous avons fui notre appartement, j'ai oublié de prendre mes peintures à l'huile (un cadeau du Nouvel An[22] de papi), mes vêtements préférés, et le plus important, ma chatte en peluche rose, Chupapelya !

Mamie a préparé une liste de tout ce qu'elle voulait récupérer et de l'emplacement exact où les trouver. Elle y a ajouté mes peintures à l'huile. Elle m'a assuré que Chupapelya allait bien. J'étais triste, mais j'espérais qu'elle serait sauvée avec le reste de nos affaires et ramenée chez l'amie de mamie. Nous nous sommes mis d'accord avec Trofym pour qu'il fasse le déménagement le lendemain matin.

Entre-temps, il est allé chercher la voiture d'une de nos amies pour s'assurer qu'elle n'avait été ni détruite ni volée. Il est aussi passé chez nous et chez notre amie pour voir l'état de nos appartements.

La voiture était à l'endroit indiqué, elle n'avait pas bougé. Ses vitres avaient été brisées par le souffle d'une explosion et ses portières et son coffre étaient légèrement endommagés. Le devant ainsi que le capot étaient intacts. Elle aurait pu rouler si la batterie n'avait pas été volée.

22. L'Union soviétique étant athée, le Nouvel An remplace Noël. Même si Noël est de nouveau célébré aujourd'hui par les orthodoxes et les catholiques, on offre toujours des cadeaux au Nouvel An.

L'horreur du chaos dans notre appartement. On voit dans le couloir le réfrigérateur allemand de mamie couché sur le sol. Des mois plus tard, Trofym est retourné dans notre appartement et a trouvé une munition non explosée juste là, sous le frigo. Il a couru pour sauver sa vie. Dieu merci, il s'en est sorti.

Ce qu'il reste de l'entrée de mon appartement.

Ensuite, Trofym est allé dans notre appartement, qui faisait peine à voir sur les photos qu'il nous a envoyées. Après avoir retiré le scotch qui condamnait la porte, il est entré dans le couloir jonché de débris. Notre réfrigérateur allemand gisait sur le sol et le mur était effondré. L'armoire dans l'entrée avait volé en éclats, il y avait des vêtements partout. Les fenêtres de la chambre étaient brisées, les pots de fleurs étaient tombés. Mais sur le lit, ma chatte Chupapelya m'attendait. Par miracle, elle a été épargnée. Contrairement à la télévision dans le salon et au canapé, notre fauteuil, juste à côté du couloir, était indemne. Une épaisse couche de poussière recouvrait tout.

À 6 h 30 du matin, heure d'Ukraine, Trofym irait récupérer nos affaires. J'ai mis le réveil de mamie à 4 heures, heure d'ici, et on est allées se coucher.

Alors que je me préparais pour aller au collège, ma grand-mère est venue me donner de bonnes nouvelles. Trofym a déplacé tout ce qui était en bon état. Il a même réussi à retirer du couloir notre lustre de deux mètres de long en le coupant du plafond, et il a tout apporté à notre amie Motrona. Et surtout il a pensé à prendre mes peintures à l'huile et Chupapelya ! Je me sentais mieux maintenant que je la savais en sécurité.

Je sautais de joie. On ne saurait exprimer toute la gratitude qu'on ressent pour Trofym ! On se sentait tout de suite plus légères sans cet affreux poids sur nos épaules…

Jour 67

Une nouvelle petite maison • Notre jolie datcha à Vovtchansk

On nous a proposé une maison à louer ! Elle est tout près de mon nouveau collège dans le sud de Dublin. Elle ne nous appartiendra pas, mais ça nous est égal.

On est allées la visiter. C'est une charmante petite maison avec un jardin, et vraiment à cinq minutes à pied de mon collège. On a été accueillies par deux gentilles dames, Linda et Juliette, qui nous ont fait faire le tour du propriétaire. Il y avait des fleurs partout.

On a une datcha à Vovtchansk, au nord-est de Kharkiv. Une grande maison magnifique. Elle est entourée de plein d'arbres et de fleurs aussi. Il y a une rivière à côté, la Donets. J'adorais retirer mes chaussures et aller nager entre les nénuphars blancs. Le soir, avec mamie, on s'asseyait devant la cheminée pour boire du thé. En automne, on se baladait dans la forêt de pins et de chênes et on cueillait des champignons. Il y en avait de toutes sortes : cèpes, bolets, chanterelles…

C'était tellement bien, mais Vovtchansk est occupée par les Russes désormais. C'est très triste.

Nous sommes si reconnaissantes envers les gentils Irlandais qui nous ont aidées à trouver une nouvelle maison.

Épilogue

Ainsi s'achève cette partie de mon journal. J'ignore combien de jours, de mois ou d'années cette guerre durera. Combien de vies seront sacrifiées, combien de cœurs seront brisés ? Quelles seront les conséquences dramatiques de toute cette barbarie ? Encore aujourd'hui, des gens souffrent à Kharkiv et je n'arrive pas à comprendre comment ils ont la force et la volonté de tenir bon. Depuis le début de cette guerre, j'ai appris combien la vie était précieuse. Tôt ou tard, c'est une leçon qu'on apprend tous.

J'ai rêvé plusieurs fois du premier jour de la guerre. Je me vois sur le point de partir me réfugier en lieu sûr. Les larmes coulent sur mon visage, je fais mes adieux à mes amis.

En un instant, ma vie a complètement basculé. Avant la guerre, j'avais mes problèmes, mais tout allait bien. Je me souviens que je courais pour arriver en cours à l'heure, que je me faisais belle pour plaire aux garçons. Tout se passait simplement, comme il fallait.

Un jour, j'étais épuisée après ma fête d'anniversaire au bowling, le lendemain, j'étais épuisée parce que j'avais dû me précipiter dans la cave pour fuir des bombardements. Épuisée de la peur qu'engendre cette guerre.

Peut-être que dans plusieurs années, je reverrai mes camarades et ma famille. Mais pour le moment, je tourne une nouvelle page, et je me fais de nouveaux amis. Le plus important, c'est d'avoir la foi. Seule une foi sincère et solide en Dieu peut produire des miracles.

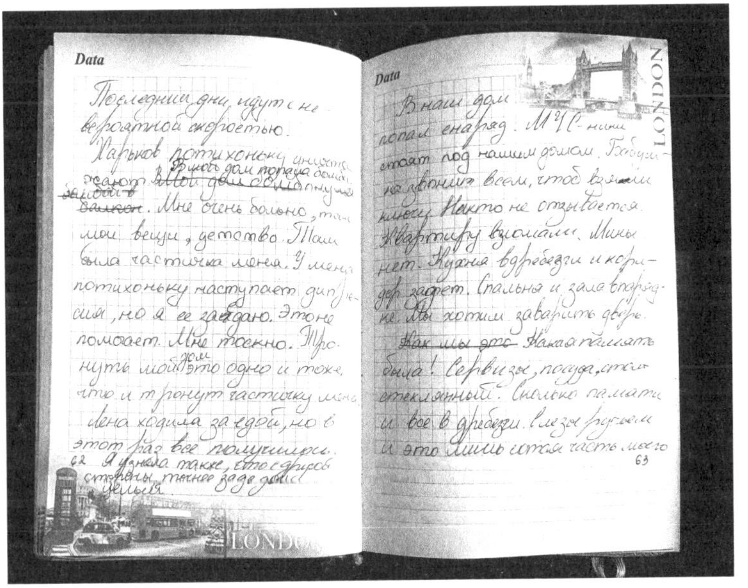

Data

Последнии дни идут с не
вероятной скоростью.
Харьков потихоньку уничто-
жают. В бабушкин дом попала бомба.
Мне очень больно, там
мои вещи, детство. Там
была частичка меня. У меня
потихоньку наступает депрес-
сия, но я ее заедаю. Это не
помогает. Мне тяжко. Тро-
нуть мой дом это одно и тоже,
что и тронуть частичку меня.
Мама ходила за едой, но в
этот раз все получилось.
62 Я узнала также, что с другой
стороны тоже задело дом

Data

В наш дом
попал снаряд. МЧС-ники
стоят под нашим домом. Бабуш-
ка звонит всем, чтоб взяли
ключи. Никто не отзывается.
Квартиру взломали. Мины
нет. Кухня вдребезги и кори-
дор задет. Спальня и зала в поряд-
ке. Мы хотим заварить двери.
Какая память
была! Сервизы, посуда, стол
стеклянный. Сколько памяти
и все в дребезги. Слезы ручьем
и это лишь малая часть моего
63

Les histoires de mes amis

Quand la guerre a éclaté, mes amis et moi avons tous été dispersés. On a tous vécu des moments difficiles pendant lesquels on a eu besoin de se soutenir. Certains ont tout de suite quitté la ville, d'autres sont restés jusqu'à la dernière seconde, et d'autres encore sont toujours à Kharkiv. Voici leurs histoires.

Khrystyna

24 février 2022, 4 h 50 : Je me souviendrai toute ma vie de ce jour et de cette heure. Le regard terrifié de ma mère et sa voix chevrotante quand elle nous a réveillés :

– Dépêchez-vous, les enfants. Habillez-vous rapidement. Venez…

Je n'ai pas entendu la première explosion, mais j'ai entendu celles qui ont suivi et je les ai ressenties dans tout mon corps.

À 8 heures, au lieu d'aller joyeusement au collège retrouver mes amis et apprendre de nouvelles leçons, on s'est précipités dans la cave du travail de maman (elle est institutrice en maternelle).

On a passé les treize jours suivants terrés.

Les trois premiers jours, on était soixante-dix dans les souterrains : des adultes, des enfants et des personnes âgées. Certains étaient trop faibles pour tenir debout tout seuls. Il y avait aussi trois chiens et un chat appelé Businka. À chaque bombardement ou quand de violentes explosions retentissaient, ils partaient se cacher sous des couvertures.

On se réveillait très tôt et on quittait l'école maternelle pour rentrer chez nous, parce qu'on avait besoin de se laver et de préparer à manger. Et puis, on voulait tellement être chez nous. J'ai passé chaque seconde dans la cave à me languir de ma maison.

Mais au bout de quelques jours, on ne pouvait plus du tout rentrer chez nous. C'était devenu trop dangereux de quitter la cave. Les lumières se sont éteintes, il a commencé à faire vraiment très froid. On était moins nombreux, certains ayant réussi à partir.

Là où j'ai eu le plus peur, c'est quand un missile a touché une résidence toute proche et que les fenêtres ont été soufflées par l'explosion. Jusque-là, les bombardements étaient plus éloignés. À présent, tous les jours, un appartement prenait feu et tous les jours, on était moins nombreux dans la cave. Beaucoup sont partis parce que leur maison avait été détruite et d'autres parce qu'il faisait trop froid sous la terre et que les jeunes enfants commençaient à tomber malades.

Le matin, maman, papa et papi sortaient faire des courses pour tenter de trouver quelque chose à manger. On saupoudrait du sucre sur une tranche de pain et on faisait comme si on mangeait une part de gâteau de Kyiv[23].

On dormait tout habillés sur des matelas destinés à la sieste des enfants à l'école, mais on avait toujours aussi froid. Sortir prendre un peu l'air était terrifiant, surtout si des bombardements éclataient au moment où on mettait les pieds dehors. Il faut alors se coucher à terre. Les éclats d'obus ont troué les murs de la maternelle.

Le treizième jour, l'école a été touchée par un missile.

On était encore dix-neuf dans la cave, douze adultes, cinq enfants et deux personnes âgées de quatre-vingt-neuf et quatre-vingt-treize ans, qui ne pouvaient pas marcher. On était dans une zone particulièrement bombardée, mais papa a trouvé des volontaires qui ont accepté de nous aider. On a roulé jusqu'au centre-ville, mais là aussi il y avait des explosions. Enfin, après quarante-trois jours de guerre, maman, mon frère et moi, on est partis dans l'ouest de l'Ukraine.

La plupart des gens que j'aime le plus au monde sont encore à Kharkiv : mon père et mes grands-parents. Ils me manquent terriblement. Je les aime tellement.

---

23. Le gâteau de Kyiv est un dessert composé de couches de génoise et de meringue aux noisettes, d'un glaçage au chocolat et d'un fourrage semblable à de la crème au beurre.

Mon plus grand souhait, c'est que la paix revienne ici !

Olha

Je venais de passer une journée comme les autres. De retour du collège, j'ai fait mes devoirs, j'ai discuté avec mes amis, j'ai joué avec mon chat. Dans la soirée, j'ai commencé à avoir mal à l'oreille. Avec maman, on a décidé que si ça n'allait pas mieux dans la matinée, je n'irais pas en cours. Mais ce n'est pas à cause de la douleur que je n'ai pas pu aller au collège.

À 5 heures du matin, j'ai été réveillée par une violente explosion que j'ai d'abord prise pour un tremblement de terre. Terrorisée, j'ai vu l'expression sur le visage de mes parents. Ils m'ont annoncé que la guerre avait éclaté… J'étais sous le choc. Mon chat Busya était assis à côté de moi, comme pour me réconforter, même si les déflagrations devaient l'effrayer lui aussi. On a rassemblé nos affaires et rempli des bouteilles d'eau. Affolée, j'ai mis tout ce qu'il y avait sur la table dans un sac, même si je savais qu'on ne pourrait pas tout emporter.

Les explosions devenaient de plus en plus fortes et on mourait de peur en courant vers le rez-de-chaussée de notre immeuble. Ici, les bombardements paraissaient moins violents et on s'est tout de suite sentis plus en sécurité. Jouer sur mon ordinateur m'a donné l'impression de me cacher derrière un bouclier.

J'essayais de ne pas écouter les explosions, mais elles étaient assourdissantes. Et malgré notre terreur, on tentait de se remonter le moral.

Les appels et les messages que je recevais de mes amis et de ma famille m'ont aussi aidée à penser à autre chose. On est restés dans le hall de notre immeuble, mais quand les choses se sont calmées, on est remontés chez nous prendre des affaires et manger un peu. Le lendemain, on est allés faire des courses. Les queues étaient interminables, on a dû attendre trois heures. On a rempli un panier entier, mais les bombardements ont repris. Les lumières se sont éteintes et on s'est précipités dans l'abri de la boutique. Une fois le calme revenu, on est rentrés chez nous en courant. Le magasin n'a plus rouvert depuis.

Tous les jours, la terreur grandissait. On ne remontait plus aussi souvent chez nous, ça faisait trop peur. On a passé six jours sous des bombardements continus. C'est devenu encore plus effrayant quand on a entendu les avions qui nous survolaient. Comme on ne supportait plus de dormir dans le hall du rez-de-chaussée, on est allés se coucher dans le couloir. Le lendemain, on a pris toutes nos affaires, sans oublier mon chat chéri, et on a quitté la ville.

Le jour d'après, notre immeuble a été bombardé et s'est effondré. On rêve toujours de pouvoir revenir un jour chez nous.

Kostya

24 février : Jamais je n'oublierai ce jour ! C'est le dernier jour que j'ai passé chez moi ! C'est le jour où la guerre a commencé.

J'ai été réveillé par des explosions. Une, deux… une troisième… Mes parents se sont levés, complètement perdus. Ce n'est qu'en regardant par la fenêtre et en voyant le ciel et les immeubles en feu à côté du périphérique qu'ils ont compris que le pire était arrivé : la guerre !

Tania, ma petite sœur, pleurait, et maman essayait de la calmer. J'avais très peur ! On était tous paralysés par la peur ! Une fois qu'on a tous été habillés, mes parents ont essayé de réfléchir à ce qui serait le mieux. Où aller ? Je voulais m'enfuir aussi loin des explosions que possible !

On a roulé jusqu'au centre de Kharkiv. Ma tante y travaille dans une école. Un bel immeuble ancien construit par Beketov[24] lui-même. Beaucoup de gens se massaient déjà dans la cave. Tout le monde semblait effrayé et perdu. Personne ne savait quoi faire. Les adultes ont transformé le gymnase de l'école en dortoir pour les enfants. On pouvait dormir ou s'asseoir sur des matelas, mais malgré le coup de balai passé par les mamans, le sol était encore très sale et poussiéreux.

24. Aleksey Nikolayevich Beketov (1862-1941) est un célèbre architecte des périodes impériale et soviétique.

Plus tard, d'autres personnes du quartier sont arrivées, avec leurs animaux domestiques. On avait désormais avec nous des chiens, des chats et même un hamster. Quasiment un zoo !

Certains dormaient sur des bancs ou des chaises dans la cave, nous, on est restés dans le gymnase. On se sentait relativement à l'abri.

Les explosions continuaient à retentir, certaines si fortes qu'elles nous perçaient les tympans. On arrivait à présent à savoir si elles étaient très proches ou plus loin. Le sixième jour, le bruit des avions au-dessus de nos têtes nous a terrorisés. La terreur grandissait. On se disait que la situation était désespérée.

Pour aller aux toilettes ou manger, on ne quittait jamais notre « bunker pour enfants » sans un adulte.

Les parents faisaient de leur mieux pour maintenir la bonne humeur : ils organisaient des jeux ou des activités. J'ai même appris à faire des origamis. Malgré tout, quelques enfants n'arrêtaient pas de pleurer, effrayés par tous les *BOUM !* On essayait de les rassurer. On vivait comme si on était une grande famille, même si on ne se connaissait pas avant la guerre. Chacun est devenu un pilier, un soutien pour l'autre.

On a passé onze jours dans la cave de l'école avant de sortir de la ville avec mes parents, mes grands-parents et mon chat Gilbert. Depuis la voiture, j'ai regardé, sidéré, les immeubles détruits qui défilaient par la vitre. On ne voyait pas ça depuis la cave ! Et le nombre de véhicules qui quittaient la ville m'a beaucoup étonné. On a vu des amis dans l'un d'eux, et on a même réussi à échanger des nouvelles quelques minutes. Nos mamans pleuraient !

En ce moment, je suis dans le centre de l'Ukraine, où la situation est plus sûre. Mais tous les jours, les sirènes nous font sursauter. On dit qu'on peut s'habituer à tout. Je ne suis pas d'accord. Ça, c'est insupportable !

Je veux revenir à Kharkiv ! Je veux revoir mes amis et jouer dehors sans avoir tout le temps peur des sirènes et des explosions ! Je veux retourner à l'école, revoir mes professeurs.

Mais surtout, je veux revoir le sourire sur le visage de mes parents.

Alena

Le matin du 24 février, j'ai été réveillée par un gros bruit qui m'a fait penser à une explosion. J'ai bondi de mon lit pour courir vers la chambre de mes parents. Ils étaient déjà levés.

– Tout ira bien, ma chérie, m'ont-ils dit tout de suite.

J'ai regardé maman jeter des affaires dans des valises et papa sortir de la maison pour faire un plein d'essence.

Le téléphone a sonné. C'était mon frère qui demandait ce qui se passait. On a décidé d'aller chez ma grand-mère. Avant de quitter l'appartement, j'ai réussi à prendre notre ours en peluche, la mascotte de la famille.

Une fois dehors, je ne pouvais plus rien entendre d'autre que les cris et les pleurs des gens dans la rue.

Quand j'ai regardé mes parents, je me suis tout de suite sentie mieux.

Comme on est nombreux, on a dû prendre deux voitures. La circulation était dense, les rues bondées. C'était impossible d'avancer. Mais papa connaissait un raccourci. J'avais peur de ne jamais retourner chez moi et de ne jamais revoir mes amis.

On a fini par arriver chez grand-mère ! J'avais l'impression qu'on avait mis une éternité à atteindre sa maison, alors qu'en général, ça ne prend pas plus de dix minutes. Les hommes ont rangé la cave et ma mère et ma tante sont parties faire des courses. Les choses semblaient s'être calmées, mais on a reçu un appel pour mon oncle, qui est garde-frontière. Il devait partir sur le front ! Ma tante s'est mise à pleurer et mon frère qui venait de finir son service militaire[25] a pris mon oncle à part pour lui dire qu'il l'accompagnait. Mon oncle lui a répondu qu'il devait rester pour s'occuper de sa famille. Il a alors fait ses adieux. Mon frère avait les joues inondées de larmes. Ce grand gaillard robuste pleurait comme un enfant ! Je pleurais aussi. Mon oncle s'est approché de moi, m'a prise dans ses bras et m'a promis de revenir. Il a fermé la porte, laissant un grand vide derrière lui.

---

25. Le service militaire, d'une durée de douze à dix-huit mois, est obligatoire en Ukraine pour tous les garçons de plus de dix-huit ans.

Plus tard, on a entendu une autre série d'explosions. On a tous pris nos affaires pour courir dans la cave. Au début, on écoutait en silence les missiles passer au-dessus de la maison.

Je serrais mon ours contre moi en priant tout bas que Dieu me vienne en aide. Mon frère et mon père remontaient de temps en temps pour écouter les informations. Ma tante essayait régulièrement de joindre mon oncle, mais il ne répondait pas. On a passé le reste de la journée assis dans la cave jusqu'à ce que les explosions cessent. On est remontés pour manger et se coucher.

Le matin, je me suis réveillée persuadée que j'avais fait un mauvais rêve, mais non. Malheureusement, mon frère hurlait déjà qu'il allait y avoir d'autres explosions. Et tous les jours, ça recommençait. Jusqu'au jour le plus effrayant de ma vie.

Le matin a débuté comme toujours. On a pris le petit déjeuner, et vers 9 heures, on a entendu des explosions, alors on a couru s'abriter à la cave.

Et nous voilà de nouveau tous terrés. Quand j'ai vu mon frère et mon père remonter, je me suis dit qu'on allait bientôt pouvoir retourner dans la maison pour que je continue à lire *Harry Potter*. Mais j'ai entendu des coups de feu suivis de la voix d'un homme. On ordonnait à quelqu'un de se rendre sur-le-champ. Mon frère et mon père sont revenus en courant. Ils nous ont crié de garder la bouche ouverte[26] et de baisser la tête. Tout de suite après, on a entendu l'explosion. L'école où mon père était allé, enfant, venait d'être pulvérisée. Cette école avait survécu à la Seconde Guerre mondiale mais pas au 26 février 2022.

Après un moment, les explosions se sont arrêtées. Mon père et mon frère sont remontés en disant à tout le monde de rester à l'abri. Une forte odeur de fumée planait dans l'air. Quand j'ai enfin eu le droit de sortir, j'ai cru que j'étais arrivée en enfer : autour de nous, tout était peint en rouge et couvert de cendres. L'école brûlait. C'était le pire jour de ma vie.

Et les jours suivants n'ont pas été différents : mauvaises nouvelles et explosions. Mais je n'ai jamais perdu espoir, parce que j'avais mon ours en peluche.

Un jour, mon frère et mon père ont décidé qu'on devait quitter Kharkiv, mais sans parvenir à savoir où aller. Le téléphone a alors retenti. C'était mon oncle. Il était sain et sauf ! Après le coup de fil, mon père et mon frère nous ont dit de rassembler nos affaires. On nous attendait quelque part. Il était 16 heures et le couvre-feu approchait, mais mon frère a insisté pour qu'on monte dans la voiture.

---

26. L'onde de choc d'une explosion fait monter la pression dans le corps. Si vous avez la bouche fermée, l'air dans vos oreilles et dans votre bouche ne peut pas circuler librement et peut faire exploser vos tympans. Dans des cas extrêmes, l'air enfermé dans les poumons peut les faire éclater. Ouvrir la bouche donne une issue de sortie à l'air afin de minimiser les dégâts.

On a quitté la maison de mamie, mais on n'était pas au bout de nos peines. Les explosions avaient arraché le toit de la voiture de mon frère et il s'est mis à pleuvoir et à neiger. On avait peur de ne jamais atteindre notre destination.

Je pense que mes prières nous ont aidés. On est arrivés chez les amis de mon oncle dans un village en dehors de la ville. Vingt personnes s'entassaient dans une minuscule maison. On nous a proposé du bortsch, une soupe de betteraves, et des pirojkis, des espèces de chaussons salés ou sucrés. La nuit a été calme, et pour la première fois depuis plusieurs jours, j'ai réussi à dormir jusqu'au matin.

Le lendemain, on a continué notre route jusqu'à Dnipro. On a été rejoints par des amis de mon père. Ils nous ont donné à manger et nous ont trouvé un endroit pour vivre. À présent, on habite à côté de chez eux.

Je veux vraiment rentrer chez moi, revoir mes amis, et surtout, je veux serrer mon oncle contre moi. Je suis une enfant ukrainienne, je m'appelle Alena. J'ai douze ans, et tout ce que je veux, c'est vivre en paix et retourner chez moi !

Mes derniers mots

Quand je lis les histoires de mes amis, je commence à comprendre tout ce qu'ils ont traversé… tout ce qu'ils vivent encore. La guerre nous a touchés de différentes façons, et à lire en quoi leur vie a changé brusquement, je me dis que nous avons tous eu des expériences très différentes. Voir des maisons partir en fumée tous les jours, vouloir sortir prendre l'air et se retrouver en plein bombardement, être contraints de dormir dans des caves froides et sales… Voilà ce qu'on a dû supporter.

On n'arrivait pas à croire qu'une guerre avait vraiment éclaté. C'était tellement étrange, ces explosions, la terreur des bombardements, les missiles qui tombent sur nos maisons, sur nos écoles. Toutes ces destructions me déchirent le cœur. Les pleurs, la tristesse, la panique, la peur. Il n'y a rien de plus angoissant que de voir un être aimé partir à la guerre sans savoir quand on le reverra.

On était tellement contents d'avoir des visages familiers et bienveillants autour de nous, que ce soit nos amis ou nos animaux. De petites choses insignifiantes comme une tartine de sucre ou un câlin avec sa peluche nous aidaient à tenir bon. Mais la guerre n'était jamais loin.

Mes amis me manquent beaucoup, j'espère qu'on se reverra un jour et que leurs souhaits seront réalisés.

Je voudrais finir en disant une chose : nous ne sommes que des enfants et nous méritons de vivre heureux et en paix !

Ma grand-mère Iryna et moi. Nous sommes toujours ensemble.

Remerciements

24 février 2022. Le jour qui a changé ma vie.

Le jour où j'ai commencé à écrire ce journal. Dès que je me sentais paralysée par la peur ou la tristesse, je m'asseyais pour écrire. Sur ces pages, j'exprimais mes sentiments et ça m'aidait à tenir bon. Mon but était de raconter ce que je vivais, pour pouvoir dans dix ou vingt ans me rappeler comment mon enfance a été détruite par la guerre.

J'ai rencontré tellement de gens merveilleux pendant cette période difficile, j'aimerais leur consacrer les dernières pages de mon journal.

Ma chère grand-mère Iryna a toujours été à mes côtés. Elle m'a soutenue et protégée dès les premières minutes de la guerre. Même quand mes mains tremblaient de peur, j'étais rassurée de la savoir avec moi. Je ne suis pas en vie depuis si longtemps, mais j'ai toujours eu confiance en elle. Je lui suis tellement reconnaissante.

On a rapidement compris qu'on ne serait pas en sécurité dans notre quartier et qu'on devrait fuir. Mamie a contacté tous ses amis, mais personne ne pouvait nous aider, à part Inna. Elle a accepté de nous accueillir chez elle, dans une partie de la ville moins touchée. Je la remercie de s'être si gentiment occupée de moi et d'avoir réussi à me divertir de mille façons, parmi lesquelles bien sûr, la peinture.

Alors qu'on ne trouvait plus aucun moyen de fuir Kharkiv et qu'on commençait à perdre espoir, Dieu nous a envoyé Todor et Oleh, deux volontaires incroyables qui nous ont courageusement emmenées à Dnipro. Je les remercie pour leur bravoure et leur gentillesse. Tout au long de notre périple, j'ai rencontré des gens fabuleux : Rada, Arsenyi, Myna, père Emilio et Attila. Des personnes au cœur immense.

Les reporters de Channel 4 – Paraic, Freddie, Flavian, Tom, Delara et Nick – ont complètement changé ma vie. Quand ils ont appris que j'écrivais un journal, ils ont décidé de tout mettre en œuvre pour nous aider. Grâce à eux, on a pu aller à Dublin. Ils sont géniaux, gentils, brillants, généreux et toujours prêts à aider. Ils ont laissé au fond de mon âme une petite flamme de chaleur et de lumière.

À Dublin, nous avons été accueillies par Catherine Flanagan et sa famille. Après un long et difficile voyage, ma vie s'est transformée en conte de fées. Une belle maison, confortable et chaleureuse. Gary, le mari de Catherine, nous a fait visiter tous les endroits les plus beaux de Dublin et des alentours. Catherine m'a aidée à m'inscrire au collège où elle enseigne. Ils nous ont aidées à traverser cette période éprouvante de notre vie et je leur en suis si reconnaissante.

Je me sens bien dans mon nouveau collège, comme si j'y étudiais depuis toujours. J'ai le droit de jouer sur le piano à queue et de profiter des courts de tennis. Les filles de ma classe m'ont accueillie à bras ouverts et je me suis fait de nouveaux amis. Je les remercie sincèrement pour leur gentillesse et leur dévouement.

Je voudrais également exprimer ma gratitude au propriétaire de la maison dans laquelle nous vivons désormais. C'est une très jolie maison, nous y sommes très heureuses.

Je remercie Dieu de m'avoir permis de rencontrer une femme magnifique, Marianne Gunn O'Connor, mon agent. Je pourrais remplir des pages entières de ce journal pour décrire combien elle est extraordinaire, mais je suis tout particulièrement reconnaissante pour sa chaleur, sa gentillesse, sa compassion et son désir d'aider. Le monde a besoin de plus de gens comme elle. C'est un immense honneur pour moi qu'elle soit mon agent.

Je voudrais remercier Bloomsbury d'avoir accepté de publier mon journal. L'équipe – et en particulier Sally Beets, Lara Hancock et Beatrice Cross – a tout fait pour que j'aie une vie meilleure. Le travail qu'ils fournissent pour que mon livre voie le jour me donne la chance d'étudier et d'être heureuse. Avec leur aide, je sais que tout se passera bien pour moi. Je suis tellement heureuse que ce soient eux qui me publient !

Je remercie Dieu et toutes les gentilles personnes que j'ai rencontrées au cours de mon voyage. Tout ira bien. J'y crois !

Composition
PRESS·PROD

IMPRIM'VERT® PEFC™ 10-31-1510

Imprimé en France
par Corlet Imprimeur
14110 Condé-en-Normandie
Dépôt légal : novembre 2022
N° d'impression : 22090582
ISBN : 978-2-7499-5173-7
LAF : 3300